"十二五"国家重点图书出版规划项目

配对交易：
最基本的一种对冲套利交易

PAIRS TRADING: ONE OF THE MOST BASIC HEDGING ARBITRAGE TRADING

麦永冠　王苏生　著

哈尔滨工业大学出版社

内容提要

本书指出了10个有价值的问题,展望了其研究趋势;构建了4种交易方法,发现有效市场不一定最适合配对交易;深入研究了两级行业配对交易,通过纯统计配对方法寻找最优股票和改进交易策略将是研究重点;构建了"WM-FTBD王麦折回首日建仓改进策略",发现有效建仓策略总体可改进收益,但也承担更多风险,配对交易在发展中国家将有广阔空间;提出了纯统计配对交易目标与价差统计特征关系的多元非线性回归模型。

本书可作为高等学校金融、证券相关专业本科生、硕士生和博士研究生教材,也可供对冲、公私募基金、证券、银行等金融从业人员参考使用。

图书在版编目(CIP)数据

配对交易:最基本的一种对冲套利交易/麦永冠,王苏生著.
—哈尔滨:哈尔滨工业大学出版社,2016.2
ISBN 978-7-5603-5571-9

Ⅰ.①配… Ⅱ.①麦… ②王… Ⅲ.①股票交易-基本知识 Ⅳ.①F830.91

中国版本图书馆 CIP 数据核字(2015)第 196301 号

策划编辑	田新华
责任编辑	李广鑫
封面设计	刘长友
出版发行	哈尔滨工业大学出版社
社　　址	哈尔滨市南岗区复华四道街 10 号　邮编 150006
传　　真	0451-86414749
网　　址	http://hitpress.hit.edu.cn
印　　刷	哈尔滨市工大节能印刷厂
开　　本	880mm×1230mm　1/32　印张 5　字数 140 千字
版　　次	2016 年 2 月第 1 版　2016 年 2 月第 1 次印刷
书　　号	ISBN 978-7-5603-5571-9
定　　价	100.00 元

(如因印装质量问题影响阅读,我社负责调换)

前　言

　　社会上一直对做对冲套利交易的人和机构有很大的误解。以对冲基金为例，人们经常把对冲基金看成是金融市场的搅局者、破坏者、掠夺者。实际上，包括美国在内，世界各国对冲基金总体虽然都在不断发展壮大，但对个体的对冲基金而言，寻找一个相对稳定的获利模型，形成一套有效的获利模式并不容易，而且有时也要跟随市场做一些非对冲业务，风险也是很大的。对对冲基金的误解主要源于人们对对冲套利交易的不了解，所以必须加快对冲套利交易基本知识的普及，尤其是在发展中国家，如中国。中国融资融券和沪港通刚刚开启，2014年9月到2015年11月一年多的急涨急跌引出，中国证券市场尤其是衍生品市场究竟应该"继续放开"还是"戛然而止"？需要有更多基础性的研究做坚实的支柱。

　　为理清几个对冲套利基本概念，加快证券市场，尤其是衍生品市场的发展步伐，提高发展中国家证券市场效率，本书主要探讨配对交易——最基本的一种对冲套利交易。同时，试图通过分析，回答配对交易领域的几个重要问题，包括配对交易领域的研究情况、交易目标与价差统计特征情况、配对交易有无统计学的基础，行业配对与纯统计配对交易有无区别、建仓方式如何改进、股票对如何构建和选择等。

　　配对交易和绝大部分对冲套利交易一样，都需要进行相同的流程：选择投资对象形成对象库或股票池，构建同时买和卖的股票对或对象对，分析各对的性质，选择要投资的对象对，构建买卖规则或称建仓平仓策略，计算投资收益，比较投资结果。配对交易源于同一股票市场，历史悠久，受到的投资限制如外汇管制最少，所以是最基本的一种对冲套利交易。研究好配对交易将对其他对冲套利交易有直接的指导作用,发展好配对交易对国家衍生品市场有重要意义。

　　本书试图详述的都是配对交易和对冲套利交易的基本概念,运用了一些计量方法和手段,得到了较多数据结果,结论相对客观,理解起来可能有一定的难度,但本书对全部的数据来源、计量方法和思路都有详细的说明,对结果有相应的比较,对结论有通俗的阐述和讨论。所以,读者可以把文字部分掌握,对计量部分简要了解即可,完全可以看懂。所以适合大学、硕士和博士研究生等各层次教学使用,适合金融从业人员,尤其是产品研发、衍生品市场、融资融券、综合研究等部门使用,适合对冲基金、私募基金等业务发展需要使用。

　　在本书撰写过程中,感谢宁红玉博士在资料收集、文献整理、稿件核对及第1、2章等章节的工作。当然,文责自负。由于作者水平有限,相关问题系统复杂,书中难免会有不够完善之处,敬请谅解!

麦永冠

2015年11月4日晨,深圳

目　录

第1章　概　述 ·········· 1
1.1　金融市场 ·········· 1
1.2　对冲 ·········· 1
1.3　套利 ·········· 2
1.4　对冲与套利 ·········· 2
1.5　对冲套利交易与配对交易 ·········· 2

第2章　绪　论 ·········· 5
2.1　选题背景及研究目的与意义 ·········· 5
2.2　国内外研究现状及评价 ·········· 11
2.3　研究内容和技术路线 ·········· 22

第3章　配对交易模型目标和价差统计特征 ·········· 28
3.1　配对交易概述 ·········· 28
3.2　模型与计量公式 ·········· 37
3.3　交易目标与评价标准 ·········· 42
3.4　狭义价差统计特征 ·········· 44
3.5　广义价差统计特征 ·········· 45
3.6　参数选择标准及主要参数 ·········· 47
3.7　数据及计算说明 ·········· 47
本章小结 ·········· 48

第4章 配对交易统计基础及沪深港实证检验 ……… 49
- 4.1 配对交易统计方法 …………………………… 49
- 4.2 统计基础和检验 ……………………………… 51
- 4.3 实证分析 ……………………………………… 62
- 本章小结 …………………………………………… 78

第5章 配对交易与纯统计配对交易 ……………… 80
- 5.1 纯统计配对交易 ……………………………… 81
- 5.2 行业分类 ……………………………………… 81
- 5.3 实证结果与分析 ……………………………… 83
- 本章小结 …………………………………………… 92

第6章 配对交易建仓改进策略及沪深港实证检验 … 93
- 6.1 配对交易建仓策略 …………………………… 94
- 6.2 理论推导 ……………………………………… 95
- 6.3 实证分析和讨论 ……………………………… 98
- 本章小结 …………………………………………… 109

第7章 纯统计配对交易收益与广义价差统计特征关系 … 111
- 7.1 纯统计配对交易广义价差统计特征 ………… 111
- 7.2 回归方法 ……………………………………… 112
- 7.3 实证结果 ……………………………………… 116
- 本章小结 …………………………………………… 133

结论 ……………………………………………………… 135

附录 部分配对交易软件著作权成果 ………………… 138

参考文献 ………………………………………………… 141

第1章 概 述

1.1 金融市场

  金融市场是一国配置主要经济资源的最重要的市场,它主要以价格、数量等指标反映目前市场各种资源的供求情况,包括粮食、煤炭、钢材、资金、股票等。金融资产价格是众多市场参与者行为所形成的,一定程度上还反映着市场的群体心理状况。对市场的有效程度的理解十分重要,决定着投资者参与市场的实际策略。本书认为市场总体是有效的,但市场的有效性是一个动态过程,是一个不断出现偏差并修正偏差的过程,所以才存在对冲、套利的可能和结果。

1.2 对 冲

  对冲(hedge),是在金融市场中为了减少或规避某些个体或系统性风险而采取的一个或一组投资行为。对冲主要是从减少和规避风险的角度选择行为和执行策略,对冲要求很强的逻辑支持,才能有效地实现预定的风险目标。对冲主要与所采取的对冲策略有关。比如我们手头有钢材存货,希望保持存货此时的价值,则可先卖出开仓明年此时的期货合约,等明年此时再平仓即可,明年此时钢材的价值则由明年此时的钢材市场价值与期货合约盈亏组成,价值基本保持稳定,由于价格波动而产生的风险基本可以对冲掉。

1.3 套　利

套利(arbitrage)，是在金融市场中通过一组投资行为，获取市场在某种情况下可能存在的利益，通常以价格差、利差等形式来表现。套利主要是从获利的角度来选择行为，但这些行为之间不一定有很强的逻辑支持，所以仍然可能存在较大的损失风险。由于市场的有效性是一个不断的修正过程，所以当群体心理出现计算偏差时就可能出现套利的机会，也就存在套利的可能。

1.4　对冲与套利

从对冲与套利之间的关系来看，套利是对冲交易的一个目的，对冲交易是套利的一个手段。为了稳定有效地实现套利，往往可以利用对冲的手段，增加套利的成功率，所以可以结合对冲与套利两种投资行为，以较低的市场风险获得相对稳定的收益，这就是对冲套利。

对冲套利一般为双向交易，即在同一时间里同时执行买和卖两方面的行动，形成两部分金额大致相当的仓位，以降低所有系统风险。如为了获得更多某 A + H 股票上市公司的股东大会投票权，我们可以在香港股票价格存在折价的情况下，同时卖出 A 股和买入 H 股，由于同股同权，我们就可以得到更多的投票权利益，待投票结束后平回相应仓位即可。

1.5　对冲套利交易与配对交易

1.5.1　对冲套利交易的主要形式

对冲套利交易有很多形式，投资者可以进行跨期、跨市场、跨行业、跨国家交易，即可以跨现货与期货交易，可以跨股票与可转债市场交易，可以跨股票与期权市场交易，可以跨煤炭、铁矿石、钢材等行业交易,可以跨中国、中国香港,以及美国等国家(地区)交易,对冲套利所涉及对象、领域、市场等因素和形式多样,全部都服从于投资者的目的和实施的逻辑。

1.5.2　对冲套利交易发展前提

对冲套利交易发展有相应的前提,主要包括:一是卖空机制,二是融资融券比例,三是融资融券时间限制。卖空机制主要有两种:一种是有股票允许卖空,即中国目前实施的模式,允许一定比例的融券,但最多不能超过整个市场流通股票总量;一种是没有股票卖空,即只要交付了保证金即可卖空标的股票,使得市场上某时间出现的在售股票总量有可能大于市场上可流通的股票总量。对一国卖空的限制与态度,监管部门往往容易认为卖空是一种促使股票市场大跌的主要动力,但实际上,它很可能只是加快市场价格调整的有效机制。允许卖空是对冲套利实施的一个基本前提。融资融券比例是市场监管部门允许投资者相应地放大比例,它高度影响对冲套利交易的活跃程度,理论上,保证金率可以为零,即投资者只要有信用并支付交易费用,即可创造交易。融资融券时间是市场允许投资者进行融资融券的最长时间,如3个月、6个月、1年等,或者不同类别的股票可分出不同比例。

1.5.3　对冲套利交易未来前景

对冲套利交易发展的前景非常广阔,因为各国证券监管部门对此类交易的认识在加深,证券监管的边界也不断清晰,学习和运用对冲套利方法的机构和个人投资者也在不断地增加,而且对冲套利方法有一些也在向大众化、简易化方向发展。可以预期,我国未来10~30年将是对冲套利交易的黄金发展时期,相关的交易和服务业务的前景非常广阔。

1.5.4　配对交易是一种基本的对冲套利交易

在众多的对冲套利交易中,包括跨期、跨市场、跨行业、跨国家的

■ 配对交易:最基本的一种对冲套利交易

交易里,配对交易(pairs trading)是指在特定的股票市场中,同时买卖一定数量股票,企图获得相对稳定收益的一种对冲套利交易。如在A股某一时间点上,同时买入工商银行和卖出建设银行,二者金额总量相当,待两个股票价格满足一定条件时,再把相应仓位平仓,以实现利润。由于配对交易是在同一国家、同一市场、同时买卖、同类标的的交易,所以配对交易是一种最基本的对冲套利交易。研究好配对交易将对其他更复杂的对冲套利交易有很大的示范作用。

第 2 章 绪 论

本章首先介绍本书的选题背景及研究目的与意义,然后从配对交易各个交易环节入手,评述配对交易国内外的研究及发展情况,总结和概括出未来研究和发展的主要方向,接着简要介绍全书的主要研究内容、章节安排、研究方法、分析工具和手段,总结并提炼出研究的技术路线图,最后简要归纳了几个重要的创新点。

2.1 选题背景及研究目的与意义

2.1.1 选题背景

世界资本市场在迅速地扩大和演化。随着世界格局多极化,发展中国家总体上都在逐步发展和壮大,尤其是中国和印度,发展中国家已成为世界经济不可低估的重要力量。随着各国证券市场的发展和监管的变革,世界资本市场迅速发展,发达国家资本市场总量总体上以一个稳定的速度平稳增长,不管从国家数量还是各国市场总量,发展中国家资本市场正飞速扩大。世界资本市场在不断演化,新兴资本市场在管制和开放的过程中不断得到深化和革新。

各国和国际资本市场的管制正在不断减少。这也是资本市场和自由竞争社会发展的必然结果。世界性的金融危机再一次提醒各国资本市场管制的重要性,但随着金融衍生品创设、资本市场开放等必然趋势,市场管制将越来越难,而且伴随参与者和管理者的进化,某些领域管制的需要也越来越少了。融资融券等灵活多样的金融手段必然应运而生。

证券市场走势仍然难以把握。不管科学如何发展,市场参与者和管理者如何进化,人在投资中表现出与人格特性十分相关的弱点难以克服。我们通过计算机、网络等技术加快了我们反应的速度;通过公司制度的改善及信息披露制度的建设和执行,增加了投资者对交易对象的认识和了解,但羊群效应(herding)、市场泡沫(bubble)等现象一直伴随世界金融市场的生存和发展,市场风险还是客观存在,证券市场的整体走势仍难以把握。

对冲投资将是投资领域最重要的一部分。为在难以把握的证券市场中提高收益,获得更大机会的同时把系统风险控制在一个可接受的范围,需进行高效的选择。虽然如何选择比较复杂,但对冲投资将是投资领域最重要的一部分,这在发达国家资本市场已得到很好的证明。而发展中国家随着其资本市场的开放和改革,对对冲投资将会不断地认识和接受,而且市场对该交易方式的需要也必然随着经济的发展而增加,对冲投资将会在世界范围里迅速发展。

配对交易是对冲套利交易中一个简便而重要的方法。配对交易是对两个股票的交易,一旦选定了股票对,确定了投资策略后,剩下的是对特定股票对在某个时间建仓和平仓工作。工作原理直接,操作简便。配对交易将是对冲交易中既古老又生命力强的一个便利的方式,一方面它在发达资本主义金融市场出现有较长一段时间了,另一方面它交易环节多、方式灵活,在不同市场环境和形势下又会有很多变形,所以适应能力和生命力特别强。

配对交易在发达国家和发展中国家都在飞速发展。配对交易在发达国家已有较长的实践历史,在实际交易中得到了多样的发展,有相当广泛的个人和机构投资者基础,但相关的理论研究还十分不足,而且研究也在不断深化。在发展中国家,配对交易正随着各国的放松管制而逐步变得可行,大量的交易需求正逐步涌现,相关的研究也才刚刚开始。

中国融资融券已成为现实。《上海证券交易所融资融券交易试点实施细则》《深圳证券交易所融资融券交易试点实施细则》《深圳证券交易所融资融券交易试点会员业务指南》《证券公司融资融券业务试点管理办法》《证券公司融资融券业务试点内部控制指引》《融资融券合同必备条款》《融资融券试点登记结算业务实施细则》和《深圳证券交易所融资融券交易试点实施细则》等法律法规的顺利颁布已从法律上基本解决了融资融券的主要实际问题,而投资者经过长期的学习和与国际资本市场的接触也在逐步成熟,中国的融资融券业务的基础工作已完成。2010年3月30日,上交所、深交所分别发布公告,表示将于2010年3月31日起正式开通融资融券交易系统,开始接受试点会员融资融券交易申报。融资融券业务正式启动。2012年12月31日,据统计开展融资融券业务的证券公司已有74家,开立投资者信用证券账户超过50万户。2013年4月,多家券商将两融最新门槛调整为客户资产达10万元、开户满6个月。券商大幅降低两融门槛,有效地提高了股票市场交易活跃度,提高了资金使用效率。

2.1.2　研究目的和意义

本书研究的目的和意义主要有以下方面:

(1)介绍配对交易基本情况。本书计划要通过研究,把配对交易的概念、主要环节、相关理论、历史、发展现状、目前市场地位、未来发展方向等情况做简要的介绍,对配对交易的各个业务流程和环节的概念进行明确的定义,以便形成统一的认识和进行深入研究的基础。

(2)归纳纯统计配对交易特点。通过对纯统计配对交易概念的来源、内涵和外延进行明确界定,归纳出纯统计配对交易的主要特点。纯统计配对交易特点包括不对股票池股票进行基本面分组,股票对数量较多,计算量较大等。

(3)说明配对与交易的关系。配对交易主要由两大部分工作组成,一是股票配对,二是交易策略。股票配对是研究这个股票应当与哪个股票进行配对,配对后的股票对性质如何等问题。交易策略是解决确定股票对后在何时建仓、平仓、止损等问题。配对交易的环节多,股票配对的方式方法、交易策略灵活,配对交易执行简便灵活。配对与交易虽然表面上是两个不相关的工作,但实际上有重要机制把二者有效地联系在一起,需要进一步研究。

(4)激发国内纯统计配对交易领域研究。自国外学者近年提出纯统计配对交易的概念后,不少配对交易、统计套利的研究者纷纷转入该领域的研究,在短短的几年里创造了不少高水平、有很强启发性的研究成果,对冲基金也正迅速地将相关的学术成果融入自己的投资策略和金融产品。国内才刚刚开始认识配对交易,纯统计配对交易的概念还未真正引入中国。纯统计配对的理论基础、工作原理、关键环节等主要研究范畴还都未真正展开,所以纯统计配对交易领域的研究将会随着中国融资融券业务的开展而突飞猛进,希望本书能促进国内纯统计配对交易领域研究,产生更多有意义、可执行的研究成果。

(5)突出评价标准的核心地位。目前国内外配对交易研究的主要流程,都是先配对和交易后评价。本书认为这可能存在两个问题:一是我们一般投资都是执行先定标准和目标,再根据实际情况努力争取,而先配对和交易后评价的方法论值得商榷;二是由于评价标准不是唯一,如标准按年收益率和风险程度两个,不同的配对交易投资方案都会在某个或某些标准上表现优秀,导致最终难以选择最优方案情况,研究成果的可利用性大大降低了。本书希望以评价标准体系为主线,突出评价标准体系的核心地位,指出在确定的交易策略下,按不同标准体系将选出不同的股票对的结论,使得配对交易工作重点转到评价标准体系的确立上,这样科研成果的实用性会更强。

(6)确立配对交易的统计理论基础。配对交易在实践中应用十分广泛,但交易成功的理论基础这类问题很少有学者专门提出或主动做一些基础性的研究,这样不利于配对交易更好地发展和推广。配对交易成功必然要有充分有力的统计基础,只是目前的研究处于相对不足的阶段,需要进一步发展。本书希望在配对交易的理论基础问题上做出一些有益的探索,为配对交易发展提供更强大的动力。

(7)明确界定纯统计配对交易。纯统计配对交易概念虽然已有学者提出了,但该概念详细、具体的定义及与其他形式配对交易的区别和联系仍然不清楚。本书希望通过理论和实务两个角度理清纯统计配对交易的内涵和外延,尤其是与其他形式配对交易的区别与联系,促进纯统计配对交易得到更快发展。

(8)改良配对交易的建仓策略。配对交易建仓策略灵活多样,不同的对冲基金、投资者可以根据自己的风险偏好情况来设置适合自己的交易策略。但就目前主流的交易策略来看,如何对各策略进行比较和优选,有无策略在不同市场格局下交易结果都能比较优越,这是一个普遍关心的问题,本书也试图在交易策略上做出一些改良,取得突破,以提高收益。

(9)指出统计特征的重要作用。配对交易和很多统计套利的策略一样,都是通过某些统计的方法把隐存在投资对象的一些内在特性表现出来,再根据所表现出的统计特性确定投资策略,所以统计特征的挖掘最为关键。但目前的配对交易研究重心在交易策略上,本书希望通过研究,指出统计特征在纯统计配对交易中的重要作用,使相关研究适当地转向统计特征的分析和挖掘上来。

(10)阐明统计特征影响交易结果的机理。虽然纯统计配对交易价差统计特征的重要性比较直观,但价差统计特征所反映的本质是什么,相关的理论有哪些,是否足以支持和解释客观情况等一系列重要问题还未真正解决,甚至未得到合理的重视。本书希望通过研究把价差形成的原因、统计特征表现的机制、统计特征影响交易结果的原理阐述清楚,使研究结果的理论基础更加牢固。

本书的理论意义主要有以下几个方面:

(1)丰富配对交易研究内容。配对交易的研究内容多、环节复杂,相关的研究已形成了一定的规模,投资效果评价指标体系在其他研究中也已有较长历史,但配对交易的研究中,纯统计配对交易近年被提出后,真正的研究才刚刚开始,在纯统计配对交易中深入讨论评价标准将对配对交易的其他研究领域产生积极的作用。对于股票价差的统计特征,偏度(skewness)和峰度(kurtosis)及更多的广义价差统计特征研究必将大大丰富配对交易的研究内容,是配对交易的一个重要研究领域。

(2)填补个别统计特征的研究空白。配对交易相关研究中,对价差统计特征绝大部分都只探讨价差的均值和标准差、方差,个别研究还探讨了回复次数,但其他统计特征,尤其是持仓时间、平仓次数等广义的价差统计特征,研究较少,所以本书希望能填补配对交易的个别统计特征研究空白。

(3)突出价差随机变量统计特征对交易结果产生影响的研究方向。价差随机变量统计特征对配对交易结果产生作用这一判断,比较直观且不少学者有过一些论述,但真正把价差随机变量统计特征与配对交易结果联系起来,深入研究其中的机制和原理,定性和定量地表述二者关系的研究还较少,所以本书重新重点申明随机变量统计特征与配对交易结果关系研究的方向。

本书的实际意义主要有以下方面:

(1)给出股票对评价的一些客观指标。对股票对价差评价有主观和客观两类标准,主观标准主要由研究者和投资者自行制定或选择,而客观标准是价差随机变量自身的统计特征,是客观存在且经过一定时期检验、通过一定形式表现出来的。本书经过在3个市场跨期实证检验后,给出了一套6个评价股票对质量的指标,加快了配对交易从理论到实践的过程。

(2)给出一个先跨期检验后交易的流程模型。根据配对交易的假设理论基础,结合现有非参数检验工具,给出了一套先跨期检验后交易的方式,使实证交易能够获得更有效的跨期统计支持。

(3)指出一些较优的价差分布形态。从常见的价差分布情况着手,通过比较6种单峰对称分布股票价差的交易结果,指出了包括拉普拉斯分布和JB检出的标准正态分布在内的一些较优的价差分布形态。

(4)比较3个证券市场。对于新兴市场来说,上海、深圳和香港是世界上重要的3个证券市场,本书把配对交易作为市场有效性和交易收益大小的一个检验工具,多方面比较了3个证券市场配对交易的结果,为配对交易的市场选择提供了重要依据。

(5)构建一套有效的建仓策略。在现有两个最重要的建仓策略基础上,本书构建了WM-FTBD策略,并在3个市场对3个策略的交易结果进行了比较,使投资者可以便利地运用该策略进行交易。

(6)提出多个股票对选择标准。通过对 3 个证券市场运用相同交易策略所得到的结果进行分析,本书提出了一个 WM 六因素多元非线性回归模型,为投资者简便地选择优良股票对提供了一套直接标准。

2.2 国内外研究现状及评价

配对交易是对冲套利交易中一个简易而重要的方式,是对两个股票的自融资交易,一旦选定了股票对,确定了投资策略后,剩下的工作是对特定股票在某个时间建仓和平仓,工作原理直接,操作简易。配对交易是投资银行和对冲基金最重要、最常用一项投资策略。对配对交易国内外研究情况进行认真总结和梳理将会为配对交易理论和实践产生有效的促进。

从 Elsevier Science Direct OnSite(SDOL)、EBSCO(ASP、BSP 等)、JSTOR 期刊全文数据库、Science Citation Index(SCI Expanded)、SpringerLink、Web of Knowledge(WOK 平台)、中国期刊全文数据库(CNKI – CJFD)、维普中文科技期刊数据库、万方数据资源系统数据库、Google Scholar 中查找摘要中包含、标题或关键词为 pairs trading、pair trading、配对交易、成对交易,所得到相关的主要文献总量虽不算多,但近 5 年文献量呈明显上升趋势。

配对交易文献主要研究备选股票、股票配对方式、股票对考察内容、股票对排序方式、股票对价差统计特征、实证数据、实证检验方法、交易策略、利润计算方法、交易成本、结果评价等方面。所以下文也基本按照以上交易环节展开讨论,并结合这些文献从国外和国内两个范围进行分析和综述,然后是对整个研究状况进行总结及展望。

2.2.1 配对交易国外文献综述

对配对交易的备选股票研究主要有 4 种情况:一是把整个市场的股票作为研究对象,按不同的研究方法对市场中的股票进行配对,然后对不同股票对进行分类和研究,如 Gatev(2006),Engelberg(2009),Binh(2010)。二是研究一个市场指数中的所有样本股,如 Huck(2009)选择了 S&P100 有连续交易记录的股票,Morikazu(2004)选用 S&P150 指数的股票,Evren(2010)选用土耳其伊斯坦布尔 ISE-30 index 的全部样本股。三是从市场中选出若干个流通性较好的股票作为研究对象,如 Perlin(2007)选择了巴西流通性最好的 57 个股票,Perlin(2009)选择了巴西流通性最好的 100 个股票。四是在研究中限定于几个甚至于特定的股票对,如 Allan(2009)选择了航空行业企业进行研究,Nikos(2009)从印度股票市场中选择了 Infosys Technologies Ltd 和 Wipro Ltd 这两家应用软件公司进行研究。

在股票配对方式上,目前主要有按基本面分组和不分组两种情况,大多学者按上市公司基本面的某个标准先将股票进行大类分组,再在组内形成配对。其中较常见的基本面分组方式有:

(1)运用目前较权威的行业分类机构的相关工作结果,将备选股票进行行业分类,形成不同行业或产业部类的股票对,如 Gatev(2006)以标准普尔的公共事业、运输、金融和工业生产四大产业进行分组研究。

(2)按股票市值规模对股票进行分类,将市值大小相当的股票形成股票对再进行研究,如 Engelberg(2009)得出市值小的、流通性差些且波动幅度较大的股票会更快回复。

(3)考虑到公司虽然可能分属于不同的行业甚至产业,但由于不少上市公司存在纵向并购的同时,还有横向并购,形成以控股母公司为核心的上市公司集团,于是将股票按公司的交叉持股情况先进行分组,再形成股票对,如并购套利的研究。

实际上,从基本面配对看,还有很多配对方式,Susana Yu(2011)按分析师的买卖建议进行配对,发现这种配对在中小市值的股票对收益比大市值的好。除了根据一定标准将股票进行分类配对的方式外,还有一些学者确定了备选股票后,不进行分组而直接进行纯统计配对,如 Gatev(2006)、Papadakis(2007)、Kaan Evren(2010)。纯统计配对在众多配对方式上有着很多固有的优势,使得被考察的股票对数量大大增加,防止了人为分组而去除了优良股票对的可能性。Wang(2009)等人根据配对方式将配对交易分为3种,包括基本面配对(fundamental pair,同行业配对等)、风险配对(risk pair,企业并购配对等),如 Jetley(2010),及统计配对(statistical pair),并提出了纯统计配对交易(pure statistical pair trading)的概念。

在对股票对的考察内容上,有学者考察股票之间的绝对价差,如 Papadakis(2007),即两个股票价格之间的差值。有学者考察股票之间的相对价差,如 Wang(2009),即两个股票在相同交易日的价格比值,这样会有利于合理评价高价股与低价股形成的股票对,使用这一考察内容的学者较多。有学者把股票价差进行标准化(the normalized prices)后再进行研究,如 Gatev(2006)、Perlin(2009)、Cheng(2009)。除此,还有学者考察股票价格的对数差,即将两个股票的价差比值再取常用对数或自然对数,如 Wang(2009),对数价差在不影响排序结果的前提下,会使价差比的幅度缩小,在分析和作图上有不少方便。Herlemont(2003),对股票对价差对数进行过 D-F 检验(the Dickey-Fuller test of the log ratio of the pair),得出了一些启发性的结论,这一方法值得进一步应用。

在股票对排序方式上,目前主要有如下情况:一是按股票对协整分析的结果进行排序,优选出股票对再进行研究,如 Gatev(2006)以协整分析方法选出前5个股票对、前20个股票对、第101到120个股票对、全部股票对,形成了4个研究对象。二是对股票对进行相关性分析(OLS),根据股票对相关分析的结果进行排序,如 Herlemont(2003)、Perlin(2007)、Wang(2009),Montana(2009)采用了 flexible least squares(FLS)进行分析。Herlemont(2003)引用了 Schroder Salomon Smith Barney 提供的一个算法:若有200个股票则会产生19 900个股票对,要完成19 900次回归。为保证策略对市场风险中性,同时希望股票对尽量在行业内形成,减少计算难度,所以以两年日交易数据作为滚动时间窗口(a two-year rolling window on daily data),计算出各股票的 beta 值,并选定 beta 值差(beta spread)在0.2内的股票才形成配对,这样既减少了大量不必要的计算,又保证了行业内有较多的股票对。Wang(2009)考察了 Pearson、Maronna 和 Combined correlations 3 种不同的相关系数在股票对构建中的影响。三是根据股票价差平方和(the sum of squared differences,SSD)大小进行排序,如 Chang(2007)、Perlin(2009)、Binh(2010)。Binh(2010)除了考虑 SSD 外,还考虑了形成期均值回复次数(the number of zero crossings)。他在研究中,按形成期均值回复次数把股票对分成 4 组:第一组是交易期内没有交易过的,第二组是交易期内建了仓但没有回复的,第三组是交易期内已完成一次完整的回复交易且可能还有未回复的第二次,第四组是交易期内已完成多次完整的回复交易且最后一次可能还未回复。还有学者考察相对均值回复(comparative mean reversion)并以此排序,如 Evren(2010),Evren(2010)根据相对均值回复情况每天都更新股票对排序再进行交易,而不在形成期设定股票对再在交易期固定执行。

在股票对的统计特征上,目前研究该方面的学者较少,大多学者都考察了股票对价差的均值、方差和标准差,如 Perlin(2009)、Binh(2010)。而除个别学者,如 Wang(2009)、Eberlein(2009)在研究中提到偏度、峰度等概念外,关于股票对价差统计特征的深入研究还很少。Chen(2010)对收益相关因素的研究值得进一步深入,并且认为上期收益高的股票对下期收益还会较高。

在配对交易实证数据选取上,主要有两种情况:一是源自金融业比较发达、金融史较长的国家,主要有美国,学者们的数据量一般较大,数据的来源渠道较多且便利,如 Gatev(2006)选取了 1962 年到 2002 年共 40 年的日交易数据,Papadakis(2007)从 CRSP(The Center for Research in Security Prices,美国股市资料库)选取了 1981 到 2006 年共 25 年日交易数据,Engelberg(2009)的股票(普通股)交易数据从 CRSP、新闻事件经 Factiva 从 Dow Jones News Service(DJNS)中下载,期限从 1992 年到 2005 年共 13 年,Huck(2009)选择了 1992 年到 2006 年共 15 年标准普尔 100 种股票的周回报数据(the weekly returns(Friday closing price)),Binh(2010)从 CRSP 选择了 1962 年到 2009 年共 47 年日交易数据,去除了没有交易数据或数据无效的股票作为研究对象。二是源自新兴发展中国家,受到客观实际的限制,其数据样本量一般较少,大多在5年左右,甚至更少,如Evren(2010)从伊斯坦布尔证券交易所(Istanbul Stock Exchange,ISE)选择了2002年到2008年共6年数据研究,Perlin(2009)从巴西金融市场(the Brazilian financial market)选择了2000年到2006年流通性最好的100个股票进行研究。个别学者还运用配对交易的方法,选用高频数据进行检验,得到的结果也是有相当的参考价值的,如Nikos(2009)以印度国家证券交易所(the National Stock Exchange of India)2005年2月1日到2005年11月8日分钟收盘价交易数据(1-minute closing prices of stocks),总数约5 000个数据(a total of 5 000 observations approximately)进行研究,Wang(2009)选择了2008年3月共20个交易日的半分钟数据,总数约780×20即15 600个数据。

在实证检验方法上,多数学者采用的是形成期和交易期的实证方法(bootstrap methods),选定一年为形成期,根据此期间交易数据情况计算出各指标、完成股票对排序并选出交易股票对,选定6个月为交易期,在此期间进行交易并统计交易结果,不断循环,如Gatev(2006)、Papadakis(2007)。另一种是每天或在较短的时间间隔内更新股票对排序,仓位随排序结果更新而转移,如Evren(2010)每天更新,Perlin(2007)以长度大约为两年的移动时间窗(a moving window with approximately 2 year of trading data (494 days))作训练期(the training period)每10天更新一次(updated at each 10 days)。

在交易策略上,不少学者都执行GGR(Gatev, Goetzmann, and Rouwenhorst (GGR 1999))的交易策略,即以2倍标准差作为触发条件,延迟一天建仓,建仓后逐日盯市(marked-to-market daily),采取建仓并持有的策略(buy-and-hold strategy),3倍标准差作为止损条件,持仓至均值回复执行平仓,如Gatev(2006)、Binh(2010)。还有学者在持仓时间上,重点考察了持仓时间在5、20等特定时间长度的情况,发现不同持仓时间有不同的收益结果。有学者把止损条件设定为开仓时价差绝对值的1/3(Wang,2009)。有学者如Engelberg

(2009)在研究平仓条件时,构造了一个"撇油策略"[1],即仅持有回复最快、获利最多的一小段时间,不等到均值回复后才平仓,Engelberg(2009)还对事件后持仓 5、10、20 天的交易策略进行了研究,得到了一些启发性的结论。还有学者自己制定交易策略进行研究,如 Evren(2010)把买入参数设定为 2.5 倍标准差,卖出参数设定为 0.5 倍标准差,每个股票对仓位为 1 000 TRY(USD/TRY:1.50 avg.),多空仓位均为 1 000TRY,总资本为 50 000TRY,最大持仓日期为 30 天,交易费用为 0.002 1,在原始仓位 3% 位置获利了结,2% 位置止损平仓。而 Perlin(2009)指出了交易策略中非常重要的两点:一是如何触发一个多空仓位是因各个股票不同的配对交易策略而不同的(本书的理解是,不同的股票对是有不同的(最优)交易策略的);二是我们如何评价配对交易信号(本书的理解是,评价交易信号的标准不同则会产生不同的(最优)交易信号)。Papadakis(2007)的触发条件设定为 $|PtA - PtB| > TriggerAB$,其有效性和合理性值得进一步研究。还有学者在探讨并改进买入时点上做了不少有益的探索,如 Herlemont(2003)把两倍标准差改进为两倍滚动标准差(the 2 rolling standard deviation),把 GGR 的买入时间从滞后一天改为第一次穿过触发点向均值回复时[2]。

在利润计算方法上,多数学者都以自融资方式,仅计算持仓时间成本和收益,非持仓时间成本不计入成本和收益,如 Gatev(2006),也有学者在研究中对资金空闲成本进行一些有益的讨论。各股票对的持仓占总资金比例实际上也会影响最终收益情况,所以对总资金的合理分配也将是一个值得探讨的问题。

---

[1] a "cream-skimming" strategy that holds the position no longer than 10 days after divergence earns superior returns to a standard strategy which holds the pair no longer than 6 months after divergence.

[2] The position is not opened when the ratio breaks the two-standard-deviations limit for the first time, but rather when it crosses it to revert to the mean again. You can say that we have an open position when the pair is on its way back again.

在交易成本上,多数学者在模型中都考虑了交易的成本,而 Gatev(2006)不仅考虑了交易成本对该策略的影响,而且根据机构投资者和个人投资者不同交易成本的客观情况,引用了收益率和交易成本存在关系的一些文献,表达了收益率对交易成本十分敏感的判断,Bowen(2010)在高频配对交易的结果也大致一样,值得深入研究。不考虑交易成本的学者较少,如 Engelberg(2009)。

在股票对交易结果的评价上,学者们主要考察交易的年收益率、交易日收益率、收益的波动程度、夏普系数、超额收益率(the abnormal return)等,所采用的指标不少,但标准并不一致。有时虽然是相同的评价指标,但由于利润计算方法和系数计算方法不同,相同的评价指标所代表的含义及与其对应的股票对考察结果差别较大。但总体上讲,年收益率、交易日收益率、夏普系数是主要的评价指标。

在其他方面,有学者考虑了一国的融资融券限制,运用时变方差、学习的方法对交易策略进行优化,James(2008)把配对交易转化为一个随机控制过程进行分析,还有学者把配对交易作为工具来探讨市场有效性(Binh,2010)、动量效应和反转效应。Cao(2008)运用模糊遗传算法进行优化,Do(2011)用以探讨一价定律(the law of one price, LOP)和卖空机制限制对控制市场危机的作用,Da(2011)用以探讨烦躁交易(impatient trading),John(2007)用以探讨噪声交易者(noise trader),Karakas O(2009)用以研究市场的记忆性,Andrade(2008)用以研究跨股票间价格压力(cross-stock price pressure)等。Baronyan(2010)研究了几种中性交易策略后,认为配对交易这一中性策略 2008 年明显优于市场。Cara(2009)、Wang T(2011)、Bock(2009)、Chiu(2011)的研究也表明,市场的确存在通过配对交易获利的可能。

2.2.2 配对交易国内文献综述

国内对配对交易的研究刚刚起步,在备选股票上,国内大多研究都在某些指标股范围内进行,如韩广哲(2007)、王粹萃(2007)、王峥明(2010),或者是特定的股票对,如徐光梅(2008)直接选择浦发银行和招商银行做配对交易研究,很少有对整个市场进行配对交易的研究。在股票分组上,国内的研究大多都对股票进行行业分组,从而简化大量的股票对的考察,如王峥明(2010)。有不少学者的研究仅对个别股票对进行,研究面较窄。在配对方法上,有学者采用相关性分析和协整分析方法,但研究模型的设计较为粗糙,有待改进。在对股票对考察内容上,国内学者一部分主要考察股票的绝对价差,如王峥明(2010),另一部分考察相对价差,其他价差的转换形式很少出现。在股票对排序方式上,有学者选择价差平方和对股票对进行比较和排序,如王峥明(2010)选择了价差平方和最小的股票对作为交易对象。在股票对价差统计特征上,除了均值、方差、标准差外,其他统计特征基本还是处于空白的研究状态。在股票对交易结果的评价上,主要还是以年收益为标准进行评价,标准相对比较单一。在数据来源、样本容量等方面,国内研究的数据一般限定在较短的时间里,如徐光梅(2008)选择了2006年、2007年两年数据,样本量不是很多。在交易策略上,国内研究主要集中在交易策略上,其中对触发条件的研究较多,如徐光梅(2008)、康瑞强(2009),但对持仓时间、止损条件等的研究仍然较少,部分学者在研究中直接选定持仓期以简化研究。在交易成本和融资融券限制上,国内的研究基本还没有开始。在配对交易的其他方面,个别国内学者研究了时变方差、学习的方法,探讨了误差修正模型 ECM 和广义自回归条件异方差模型 GARCH,还有一些学者利用配对交易工具对市场有效性、动量效应和反转效应(徐光梅,2008)进行了检验,也得到了一些启发性的结论。

2.2.3 总结及研究展望

总而言之,配对交易的相关研究近年随着各国证券市场发展、市场管制放宽而迅速增加,成为一个不断被人认识、对实际操作确实起到很大作用的研究领域。国内相关研究刚刚开始,在数据量、研究方法、模型构想、检验手段等方面,与国外研究存在相当大的差距,需要迅速发展。本书认为在配对交易研究领域中,如下十个问题进一步研究的空间很大,对它们进行深入细致的研究将会产生大量有理论价值且现实可用的研究成果。

(1) 流通市值对配对交易的影响。从股票市值上看,股票对有大市值与大市值股票形成的,也有大市值与小市值股票形成的,还有小市值股票间形成的。一般认为,大市值股票间形成的股票对较稳定,以此做交易对象较为安全,但这样的股票对发生偏离时的动量可能较大,不易马上回复,实际收益可能又相对较小,不一定能满足配对交易的目标,所以流通市值对配对交易是否有影响,影响多大值得进一步研究。

(2) 股票价格对配对交易的影响。从股票价格上看,股票对有高价股与高价股形成的,也有高价股与低价股形成的,还有低价股之间形成的。虽然绝对价差的弊端在很多研究中已被考虑到了,而且大多研究已不使用绝对价差进行分析,转而使用相对价差或其他相对价差的转化形式,如对数价差,但投资者对绝对价格"恐高喜低"等心理异象对配对交易是否有影响、高价股是否存在价格先行(先涨先跌)等情况需要进一步研究。

(3) 排序标准对排序结果及交易结果的影响。一方面,目前研究和实证主流是根据一个标准寻找出最一致的股票对进行跟踪和交易,获取稳定的收益,但这是否是最优的策略值得深思。运用 OLS 相关分析,价差最小平方和 SSD 等标准排序出的结果都是一致性最强的股票对,但试想一下,最一致的股票对将是股票与自己形成的对,对这样的股票对进行跟踪和交易是没有意义的。另一方面,按不同的排序标准将会得出不同的排序结果,不同的排序结果又将直接影响股票对的选择,最终影响交易结果,所以我们需要对排序标准进一步研究,考虑采用综合标准,寻求收益与风险的合理平衡。

(4) 纯统计配对交易与基本面配对的优缺点。多数配对交易研究都是基于基本面配对而展开的,但近年纯统计配对交易研究的增加开始逐步引人注意,使得我们不得不思考两种形成股票对方法的内在区别,我们必须认真研究在行业内形成股票对除了直观、研究方便以外,有无由于限制了成对的范围而人为地将好的股票对排除在外的可能,而且可能性多大。

(5)如何运用有效方法去除纯统计配对交易性能较差的股票对。纯统计配对方法,更准确应该是全配对方法,不会把好的股票对排除在外,但这样也把股票对数量大大增加了,同时计算和分析的难度也加大了很多。Herlemont(2003)提出的 beta 值差在 0.2 内的股票才成对的方法可能是一个办法,但需要进一步检验和证实,而且这样是否也存在排除最优股票对的可能,有无其他更有效、更安全、更简便的方法值得进一步研究。

(6)股票价差统计特征对交易结果的影响。若我们将股票价差看作一个随机变量,则我们有理由相信,在较短的时期里,价差服从一定的随机分布,只是分布的具体形式我们很多时候不知道。若我们执行一个既定的交易策略,则价差的统计特征,主要包括均值、标准差、偏度、峰度等,将会直接反映出价差的性质和状况,最终影响我们的交易结果。价差统计特征是否影响交易结果,影响的机理等一系列问题值得深入研究。如果对有不同统计特征的股票对进行交易会产生不同的结果,而且我们希望达到多个不同的交易目标时,对多个股票对交易问题就转化为一个多目标不确定的规划问题,虽然研究思路清晰,研究价值很大,但研究的难度是不小的。

(7)对于特定股票对,如何确定最优触发、建仓、平仓和止损条件。需要注意一点,不少学者把触发和建仓等同起来了,GGR 交易策略中一种情况是在 2 倍标准差触发当天建仓,一种情况是在触发次日建仓,其实触发是指股票价差已达到需要关注、可能要建仓的条件,但是否建仓还要看建仓的条件。对于特定股票对,触发、建仓、平仓和止损 4 个值可以形成很多组合,寻找最优本身是一个复杂的过程,再结合时变方差等机制,最优问题将变得更加复杂。Herlemont (2003)把 GGR 的买入时间从滞后一天改为第一次穿过触发点向均值回复。类似这样的交易策略改进可能给实际交易带来巨大的收益,同时也可能把一些止损条件止不住的风险通过交易策略改进而排除了,值得进一步研究。

(8)如何分配既定的资金到备选股票对使得收益最大。配对交易在实践中必须解决资金空闲问题,即备选股票对在未达到建仓条件时的等待成本问题。一种可能是将资金转作它用,等机会来时再转回,但这样容易错过机会。另一种可能是扩大备选股票对数量,间接增加了建仓时机,但这样又带来了如何把有限资金分配到备选股票对的新问题。有学者,如 Evren(2010)。把资金平均分配,分别独立建仓,但也可以把资金集中投放,定期转移资金轮流建仓。究竟应当如何根据股票对的具体情况合理分配资金获取较大收益,降低系统风险问题值得研究。

(9)收益对交易成本、收益对融资融券比例敏感程度。增加交易成本肯定直接影响交易收益,但影响的程度多大,收益对交易成本的敏感程度如何,直接关系到国家制定融资成本、融券成本的政策意向。国家给予的融资融券比例直接关系到配对交易的执行,出于维持市场稳定的考虑,国家需要审慎地确定卖空比例,但合理的区间应该是多少的问题是建立在收益对融资融券比例敏感程度等问题上,所以收益对交易成本、对融资融券比例敏感程度需要进一步研究。

(10)学习机制在配对交易中的有效应用。配对交易虽然是一种相对中性的投资策略,但证券市场不断演变,配对交易也需要不断地改进。从股票对选取到交易策略的执行,从股票对价差统计特征演变到多个股票对资金分配等问题,配对交易系统都需要跟随证券市场进行不断的学习和改进。所以将学习机制、神经网络、人工智能、非线性规划等方法有效应用到配对交易中,使配对交易系统不断进化这一研究方向前景广阔。

从研究角度看,Kei(2011)从多重贝叶斯试验和博弈论的框架进行分析和研究,也有不少学者,如 Vicky(2011),从随机过程的角度进行研究。本书考虑到配对交易统计实用性较强,所以选取了从概率统计角度进行研究。

总而言之,配对交易的相关研究近年才随着各国证券市场发展、市场管制放宽而迅速增加,成为一个不断被人认识、对实际操作确实起到相当作用的研究领域。国内相关研究刚刚开始,且在数据量、研究方法、模型构想、检验手段等方面,与国外研究存在相当大的差距,需要迅速发展。

2.3 研究内容和技术路线

2.3.1 研究内容

本书的研究内容大致分为如下8个部分：

第1章：概述

先概述金融市场，提出本书对金融市场有效性的基本理解，介绍对冲、套利，指出对冲与套利的关系，介绍对冲套利交易的主要形式、发展前提及未来前景，引出配对交易，表明配对交易是对冲套利交易最基本的一种。

第2章：绪论

回答本书的选题背景、研究意义，对本书题目相关的国内外研究情况进行综述，介绍本书主要章节安排，所采用的主要研究方法、分析工具和手段，简要归纳本研究的主要创新点。介绍配对交易的概念与历史，主要业务流程和环节，配对交易得以存在的理论和假设，目前世界上对配对交易进行的主要分类和相关的依据，配对交易在资本市场中的地位和作用。

第3章：配对交易模型目标和价差统计特征

简要介绍配对交易及其模型，说明配对交易价差变换过程，介绍配对交易目标、评价标准及各目标间可能存在的关系，介绍狭义统计特征指标定义和计算公式，广义价差统计特征的来源、形式和计算过程，说明本书参数选择标准及各主要参数情况，最后说明本书实证所用数据的来源及其他基本情况，及数据计算软件等。

第4章：配对交易统计基础及沪深港实证检验

介绍配对交易统计理论及基础、相关非参数检验工具、常见的对称分布类型，根据实际情况，构建4种关于跨期分布一致性、价差具体形态检验的交易方法，比较在沪深港市场的交易结果。

第5章：配对交易与纯统计配对交易

在纯统计配对交易概念的基础上，对行业配对进一步细分为一级行业配对和二级行业配对,通过比较3种配对方式,阐述纯统计配对交易的方式、特征及与其他配对方式的融合,奠定了纯统计配对交易在理论与实证发展方面的有力基础。

第6章:配对交易建仓改进策略

从现有各国流行的交易策略中,选出两种最重要、最常用的策略作为基础,与本书构建的建仓策略(王麦策略)在3个市场进行实证交易,对比3种方法在3个市场的交易结果,阐述配对交易既可以作为工具,分析市场结构并优选市场;又可以作为目的,改进策略获得更多的收益。

第7章:纯统计配对交易收益与广义价差统计特征关系

在目前各国学者价差统计特征研究基础上,把价差从狭义统计特征推广到广义统计特征,运用逐步回归法、最大R方法分别建立关系模型,对最终确定的模型以跨期数据进行检验,最终确定纯统计配对交易目标与股票价差统计特征关系模型。

结论

对前面的分析和研究进行概括和总结,总结全书的主要观点和结论,研究不足及未来发展方向。

2.3.2 研究方案及技术路线

本书主要研究方法包括以下方面:

(1)文献综述法,从国内外众多相关领域的研究中总结和梳理出目前研究的主流,归纳出配对交易研究中出现的主要问题,从主要问题着手,分析问题背后的实质内容,找出本书研究的重点问题和目前国内外相关研究的前沿。

(2)数学建模法,将研究中所涉及的主要问题模型化、数量化,确定所研究问题的前提假设,建立数学模型,解释并量化需要研究问题及各变量的基本情况,找准研究的自变量和因变量,以合理规范的数学表达式建立起模型以便研究。

(3)实证分析法,就研究所建立的数学模型,结合问题的前提假设,通过收集相关数据,整理汇总、分类处理,按模型规定的计算方式运用各种计算软件进行计算,得出实证分析结果,检查实证结果合理性和有效性。

(4)对比分析法,根据实证计算的结果,结合预定模型和前提假设条件,估算数学模型结果,将实证结果与模型预计结果进行对比,结合前提假设条件,分析对比结果产生的原因,将配对交易在多个证券市场进行交易,对比交易结果,查看在不同市场中配对交易的差异。

(5)跨期检验法,根据数学模型,结合前提假设条件,将配对交易期进行区间划分,使交易在不同时期进行发生,跨期对交易结果一致性进行检验,对交易所来源的市场结构进行跨期检验,检查数学模型的适用条件与模型设计时的条件是否一致,进一步理清模型适用条件及实际交易结果。

(6)非参数和参数检验法,对于未知的分布探索问题,本书有非参数检验工具,主要包括,柯尔莫哥洛夫－斯米尔诺夫(Kolmogorov-Smirnov)检验、Wilcoxon 秩和检验方法、Jarque-Bera 检验、符号 Sign-test 检验,对于已知分布形态后要求解具体参数,本书有多种参数估计方法。

本书的主要研究思路是理论—模型—实证—应用。首先从国内外相关研究综述开始,找出目前国内外配对交易研究的主要问题和实证形式,结合目前比较成熟的数学工具,参考相关的理论模型,逐项分析配对交易策略目标和股票对价差统计特征之间的关系,学习和借鉴国内统计数字特征理论在金融领域的应用,探索价差广义统计特征在实践中的有效运用。根据 3 个市场近 7 年的交易面板数据和整理的情况,编写相关计算程序,计算出各股票对的价差主要统计特征和按既定策略进行交易的结果(评价标准),考察实证数据与理论的一致性。由计算机建立一年形成期半年交易期的交易模型,得出实证结果。对实证结果进行多维度多层次的分析,得出实际应用的有效结论和模型主要参数。

本书中纯统计配对交易目标与股票价差统计特征关系研究的主要研究理论、模型和模型应用,研究方案和技术路线如图 2.1 所示。

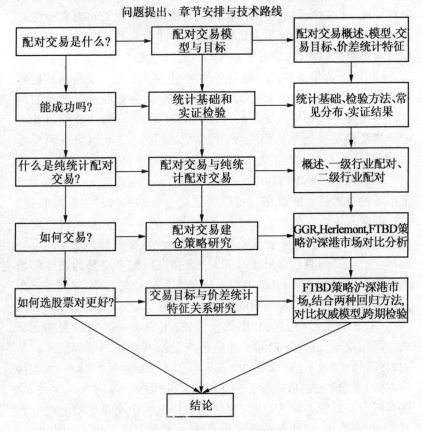

图 2.1 本书结构示意图
Fig. 2.1 Structure of the book

2.3.3 主要创新点

文章主要创新点包括如下方面:

(1) 确立了配对交易统计基础,计算出交易概率、成功比率等一系列重要参数。本书指出价差的部分形成期与交易期来源是同一个分布,可以用通过跨期分布一致检验的形成期分布情况预测交易期分布情况。配对交易的交易机会和成功概率可以用切比雪夫不等式进行粗略估计。跨期分布一致检验和服从单峰对称分布检验有助于理清收益来源的理由,但并不意味对收益产生必然提高。

(2)明确界定了纯统计配对交易,指出纯统计配对交易与其他配对交易的异同和相容关系,验证了多个统计指标对股票对选择的特性。一级行业配对与纯统计配对没有明显区别,一级行业配对并不能明显改善交易结果。而二级行业配对才能对交易结果有明显提高,但二级行业配对存在人为排除优良股票对的可能性。

(3)提出了 WM-FTBD 建仓改进策略,并验证和比较了沪深港 3 个市场的有效性。配对交易可以通过建仓策略的改进来提高收益,有效的建仓策略在某种程度上也承担更多的风险,价差动量效应和均值回复效应有助于解释价差变化过程和收益率差异。在不同市场进行配对交易的收益差异十分明显,选择进行配对交易的证券市场非常重要,成熟有效的证券市场不一定适合配对交易,配对交易将在发展中国家有广阔的发展空间。

(4)比较了回归方法和重要模型,提出一个 WM 六因素多元非线性回归模型,讨论并指明了模型各变量及其系数的解释意义。与国内外研究结果不同,本书的收益率与相关系数为反向关系,而与持仓时间、平仓次数、成败标记、标准差×成败标记等均为正向关系。进行配对交易股票对选取时,应尽量选择上一个交易期持仓时间较长、平仓次数多、成功率高且方差大、相关系数又不是很大的股票对,这将有助于年收益的提高。

(5)引入了 KS、Wilcoxon Ranksum 和 JB 3 种非参数检验方法,运用了跨期检验方法,构建了先检验后交易的配对交易方法,扩大了价差统计特征研究范围,自制了 3 个新的价差统计特征指标。得出以下方法性结论:KS 跨期分布一致性检验比 Wilcoxon 秩和检验更好,JB 正态性检验比 KS 正态分布检验敏感,在 6 种单峰对称分布中,价差服从拉普拉斯分布和 JB 检验出的标准正态分布的按交易期平均的收益率最高。

(6)把配对交易从纯粹的目的变成工具和目的。运用了配对交易对3个市场情况进行检验,得出关于市场有效性的启发性结论,表明了配对交易作为研究市场有效工具的可行性。

第 3 章　配对交易模型目标和价差统计特征

本章简要介绍配对交易及其模型,说明配对交易价差变换过程,介绍配对交易目标、评价标准及各目标间可能存在的关系,介绍狭义统计特征指标定义和计算公式,广义价差统计特征的来源、形式和计算过程,说明本书参数选择标准及各主要参数情况,最后说明本书实证所用数据的来源及其他基本情况、数据计算软件等。

3.1　配对交易概述

本节首先介绍配对交易不同概念,根据国内外研究情况,给出本书配对交易概念,然后介绍配对交易历史、配对交易主要业务环节,列举并讨论配对交易执行过程的主要基本假设,从多角度对配对交易进行分类,最后结合世界对冲基金发展情况,介绍配对交易在金融市场中的作用和地位。

3.1.1　概念和历史

配对交易在不同学者研究中其概念有不同,Vidyamurthy、Ganapathy(2004)认为配对交易是一个非直接的相对价值投资策略,有着高度的市场中性,提出只要找出两个有相同特征的公司,对组合的价格进行计算得到价差,当它们的证券价格差异超出历史范围时进行交易,买入价值低估的股票同时卖空高估的股票并保持市场中性的策略。[1]

Ehrman、Douglas S(2006)认为配对交易是最原始的一个市场中性策略,仅用两个股票就构建起了市场中性投资组合,在一个股票建立多头仓位而在另一个建立空头仓位,在任何时候,该组合都和股票价格差异相联系,差异质量以价格比例进行计算并由此形成一个时间序列,当价差远离均值并预期会回复时,配对交易就会建仓。[2]

在本书中,配对交易采取的是从证券市场中选出两个长期趋势比较一致的股票构成投资组合,一旦二者价格差异(price spread)超过一定幅度后,卖出胜者(winner)同时买入负者(loser),待二者价差回复后平仓获利的交易策略。它是一项简单、易行的自融资投资策略(self-financing investment strategy),也是一种最基本的对冲套利交易。

在最早的时候,配对交易是一个与市场中性策略非常相近的概念,人们提出了"sister stocks"等概念,即从相同的行业里选出相近的股票进行交易。自从历史上一些显赫的人物研究、使用这一策略后,配对交易的形式也在不断地演变和改进。随后很多个人和机构

---

[1] Vidyamurthy, Ganapathy (2004): Pairs trading is a market neutral strategy in its most primitive form. The market neutral portfolios are constructed using just two securities, consisting of a long position in one security and a short position in the other, in a predetermined ratio. At any given time, the portfolio is associated with a quantity called the spread. This quantity is computed using the quoted prices of the two securities and forms a time series. The spread is in some ways related to the residual return component of the return already discussed. Pairs trading involves putting on positions when the spread is substantially away from its mean value, with the expectation that the spread will revert back.

[2] Ehrman, Douglas S (2006): Pairs trading: a nondirectional, relative-value investment strategy that seeks to identify two companies with similar characteristics whose equity securities are currently trading at a price relationship that is outside their historical trading range. This investment strategy entails buying the undervalued security while short-selling the overvalued security, thereby maintaining market neutrality.

交易者也使用配对交易构造出一些有效的高收益投资组合,他们有能力使配对交易获得收益,但却很少根据某些特征来区分不同的股票对,而只是在一个大的框架下进行配对交易操作罢了。对冲基金是推动配对交易迅速发展强大的原动力。一方面对冲基金需要配对交易策略提供有效的投资对象和方式,另一方面配对交易在对冲基金迅猛的发展过程中已成为市场最重要的一个策略。很多时候,一个配对交易策略就成立一个对冲基金,人们不断地从基本面分析、技术分析或者统计分析等角度进行研究。而且,配对交易的标准化研究方法不断地得到广泛学习和认同,并通过多方式的传播吸引了更多感兴趣的新的投资者。计算机系统的不断发展也为配对交易更广泛的应用提供了重要的物质支持,计算方式和算法的改进是最重要的一个环节,如 Ghazi(2009)、Montana G(2009)的努力,使得很多更先进有效的手段和方法在配对交易中得到应用,先进的计算机也使得高频交易成为可能,如 Peter(2011)现代数学尤其是随机过程、概率统计、泛涵分析等方法的应用为配对交易奠定了有力的数理基础,如 Marcus(2010),使得配对交易得以不断地改进和盈利。

3.1.2 主要业务环节

配对交易流程示意图如图3.1所示。

一般来说,进行配对交易要确定国家、交易所,构建交易数据平台,确定股票选取标准,筛选股票,建立股票池,通过协整、相关性、行业分析等方式,对股票对进行配对和排序,构建交易对象比较并确定交易策略,监测、建仓、持仓和盯盘、平仓或止损,交易并形成交易结果比较、分析并改进交易,获利并退出交易。若进行基本面配对交易则还要收集基本面信息,交易结束后还要进行策略和配对方式的改进。

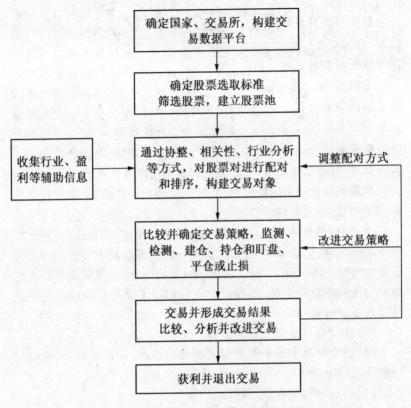

图 3.1 配对交易流程示意图
Fig. 3.1 Flow diagram of pairs trading

3.1.3 基本假设

与很多交易策略一样,配对交易主要的假设基础是股票历史价格与未来价格有关系,研究历史价格将可能揭示出未来价格走势,而且趋势比较一致的股票出现价差只是暂时的。从另一个角度说,配对交易的市场假设基础是半强式或弱式有效的市场假说,即市场对信息的反馈存在一定的滞后机制,或者股票价格并非完全服从不可预测的、跨期不相关的分布形式。我们设想一下,如果市场完全有效,现有及过去信息已被市场价格马上反映,则未来价格与目前价格并不存在任何关系,如果今天价格仅与今天信息相关,与昨天信息不相关,我们通过研究昨天价格来揭示、预测明天价格将变得完全没有意义了。这说明在完全有效的市场里,配对交易没有研究和发展的空间,相关工作也将变得毫无意义。若市场完全无效,则股票价格应该上涨时也不会上涨,应该下跌时也没有下跌,配对交易也没有研究基础。幸运的是,我们的证券市场在大多数的情况下,都并非是完全有效的市场,存在一些信息滞后反映的机制和功能,可以让我们运用各种手段,当然包括配对交易,来把握其中所隐藏的收益。

在实证检验和实际操作中,配对交易还有一些假设,主要包括建仓、平仓等交易方案各环节能完整执行的假设。但实际上:

(1)当价差到达一个设定位置,如2倍标准差,需要进行建仓、平仓等动作时,在交易程序执行时,价差可能已继续扩大或进一步远离交易策略设定的位置。当然,在长期的交易中,价差是完全可以看作是一个连续的随机变量,而我们的仓位相对于交易对象建仓日期交易量是可以忽略的。

(2)在建仓日股票是有休市的。

(3)建仓日其中一个股票会出现极端情况,如连续跌停,这是第一种情况的极端情况。

(4)持仓时某个股票停牌、破产等。

对于建仓时候出现的非正常情况,在构建建仓策略时可以考虑对建仓位置和建仓时两个股票的情况增加一些限定条件,防止出现异常情况,控制风险。对于持仓时候的个股风险,可以通过分仓的形式减少个股持仓比例控制风险,也可以把备选股票范围限定好,如重要指数内大盘指标股,这些股票在短期内出现异常情况的可能性很小。总体上,各种风险是存在的,但风险的控制手段也是很多的,为研究方便,结合主要风险及相应的风险控制手段,在本书中暂不考虑实际操作的非正常情况。

3.1.4 配对交易分类

在股票配对方式研究上,目前主要有按基本面分组和不分组两种情况,大多学者按上市公司基本面的某个标准先将股票进行大类分组,再在组内形成配对。有运用流通市值作为标准进行配对交易分类的,也有运用权威机构行业分类结果作为依据的,还有运用上下游(李志超等,2012)、股票关注度(刘艳等,2011)、盈利情况等方面信息作为配对交易分类标准。除了根据一定标准将股票进行分类配对的方式外,还有一些学者确定了备选股票后,不进行分组而直接进行纯统计配对,如 Gatev(2006)、Papadakis(2007)、Kaan Evren(2010)。纯统计配对在众多配对方式上有着很多固有的优势,使得被考察的股票对数量大大增加,防止因人为分组而去除了优良股票对的可能。

在配对交易实务中,配对交易也可以按不同的标准进行分类,按股票来源是否同一个证券市场分,配对交易可分为同一个市场配对和不同市场配对,如中国 A 股与 A 股配对,A 股与 H 股配对,如 Liu(2009),A 股与 N 股配对等,有不少学者在运用配对交易的方式跨市场跟踪,进行配对和套利,如 Louis(2010);按配对交易交易期长短来分,配对交易可以分为高频交易和非高频交易,其中高频交易的交易期一般仅为几分钟,如 Jozef(2010)、Alexander G(2007),甚至更短,如 Jennifer(2010)、Gross(2010)、Michael(2013)。在配对方式上,就同一个股票,当它与另一个股票构成股票对时,可以再和其他股票构成股票对,也可以不再和其他股票构成股票对。在股票对股票个数上,股票个数可以为两个,也可以为多个,当然股票个数为 3 个或更多的研究和实务操作较少,多个股票构成股票对的情况多出现在构建与市场对冲交易的时候。在股票对类别上,有单一类股基本面分析配对(多在公共事业和金融服务业)、多类基本面股基本面分析配对(采用计量评分方式选股和配对),还有多类股技术分析配对(与纯统计配对比较相近)。

实际上,很多学者和对冲基金都将配对交易的方式运用到除股票以外的其他交易对象,如 Modi(2012)、Alexander G(2011)、Alexakis C(2010)对市场指数,Kawaller(1987)对市场指数期货与现货,Isabel(2012)对欧洲信用衍生产品和 VIX 市场(European Credit Derivatives and VIX markets),Takashi Kanamura(2010)、Mark(2012)对

能源期货，Robert（2009）对商品期货，Wang（2011）、Alexander C（2008）对国际ETFs（international Exchange Traded Funds，ETFs），Macro（2010）对美国证券与ETF，Louis（2010）对American Depositary Receipts（ADRs），Hamad（2012）对stock-ADR组合，Kaul（2009）[①]、Alan C（2009）、Alan P C（2007）对外汇。本书的配对交易仅指在同一个国家或交易所的股票池中，将任一个股票分别与其他股票进行配对的配对交易，如Cheng（2011）、Paul（2010）、Li（2009），资产组合中股票数量为两个，而非多个，如Alexandre D（2011）。

3.1.5 在市场中的作用和地位

从配对交易发展的历史可以看到，配对交易策略在市场中的地位与对冲基金的发展和规模有密切的关系。据麦肯锡全球研究所的统计资料显示，全球金融资产与全球年产出的比率从1980年的109%飙升至2005年的316%。2005年，全球核心金融资产储备达到140万亿美元，相当于同年全球GDP的3倍以上。全球流动性过剩导致全球金融资产的激增，也推动了对冲基金业的规模在过去10年间迅速膨胀。对冲基金成为国际金融霸权进行扩张的新的重要工具。

对冲基金是指以有限合伙形式组织的，可以利用卖空、财务杠杆等策略投资各类金融产品的私募基金。1949年，阿尔弗雷得·琼斯（Alfred Jones）创立了世界上第一只对冲基金。对冲基金仅对有限的富裕投资者开放，采取灵活激进策略的投资基金，是相对高风险高回报的投资品种。对冲基金在世界各国分布和发展水平并不均衡，美国、欧洲、日本是对冲基金业最发达的国家和地区，美国纽约、英国伦敦、日本东京、中国香港、新加坡等地对冲基金聚集较多，对冲基金有向亚太、拉美、非洲等地进行资产配置的趋势。因为对冲基金投资策略非常灵活，它不但可以大量买入即持有多头，还可以在手头没有该种股票时卖空操作。这样在股市整体向下走时，进行空头操作也可以获取大量利润。对冲基金在1992.1~2006.1间数量及所持有的

[①] Kaul（2009）认为交易结果是市场质量一个有效测量。

资本如图 3.2 和图 3.3 所示。根据《对冲基金情报》公布的最新调查结果,截至 2009 年 10 月,全球对冲基金管理的资产规模约为 2.65 万亿美元,对冲基金个数超过 10 000 只。

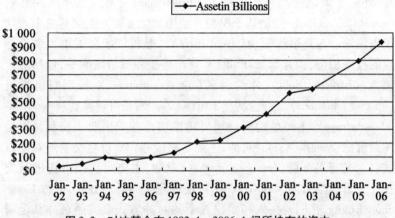

图 3.2 对冲基金在 1992.1~2006.1 间所持有的资本
Fig. 3.2 Capital helded by hedge funds during 1992.1 – 2006.1

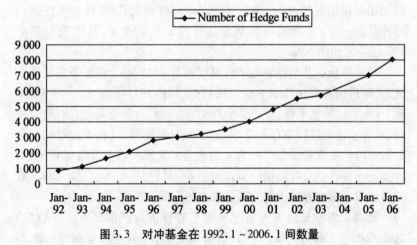

图 3.3 对冲基金在 1992.1~2006.1 间数量
Fig. 3.3 Number of hedge funds during 1992.1 – 2006.1

配对交易:最基本的一种对冲套利交易

对冲基金是私募基金,并有3个特点:一是利用杠杆,二是多空同做,三是高手续费和分成比例。有7类常见的投资方式:一是宏观(macro)对冲,在对宏观经济与金融环境分析的基础上,对股市、债券、外汇等大宗商品进行方向性(directional)交易。二是统计套利(statistical arbitrage),是基于模型并使用量化分析方法交易的中短期投资策略。三是事件驱动(event driven),是投资于公司重大事件造成的投资机会,如并购、破产重组、资产重组和股票回购等,包括廉价债券(distressed debt)、并购套利(merger arbitrage)、特别时机投资(special situations)、激进投资(activist)等。四是可转换套利(convertible arbitrage),主要是购买公司可转换债券并卖出股票获利。五是相对价值(relative value)对冲,主要是对债券相对价格交易的对冲方式。六是新兴市场(emerging market)对冲,主要对新兴市场进行交易。七是股票对冲(equity hedge),是最简单的对冲方式,又称 Long/Short Equity,是同时买入和卖出股票的对冲方式。按照对冲基金研究公司(Hedge Fund Research,HFR)的统计,到2009年一季度,全球对冲基金共管理13 300亿美元,其中31%投在股票对冲基金,25%投在相对价值对冲基金,20%投在宏观对冲基金,24%投在事件驱动对冲基金,关注亚洲的对冲基金共管理650亿美元,其中股票基金345亿美元约占53%。

对冲基金收益与世界流动性高度相关。对冲基金存在股东激进主义,其激进的性质和特点主要包括目标、策略和目标公司。从1990年到2008年的数据来看,对冲基金差业绩存在严重的传染性。有研究表明,对冲基金的杠杆率存在反市场周期的规律。仅仅有少数对冲基金的策略能给投资者带来严格为正的收益。为平滑收益及其他目的,对冲基金存在收益故意错报或资产故意跨国转移等行为。尽职调查、有效审计等手段将有助于对冲基金未来的发展。

从以上对冲基金发展情况及近年管理的资产情况看,全球对冲基金有相当大部分的资产在股票市场交易,尤其是在亚洲地区股票市场。配对交易是对冲基金众多投资方式中历史最长、原理最简单且最基本的一种,所以配对交易在市场中占据着重要的市场地位,并得到广泛的应用,如 Jan(2010)、Hendershott(2011) 所示,配对交易未来有着广阔的发展空间。

3.2 模型与计量公式

3.2.1 模型

假设备选股票数量为 m,序号为 $i,j \in [1,m]$,$1 \leq i < j \leq m$,交易日数量为 n,序号为 $t,t \in [1,n]$,则股票价格 P_{it} 矩阵为 $\boldsymbol{P}_{mn}$,即

$$\boldsymbol{P}_{mn} = \begin{pmatrix} p_{11} & p_{12} & \cdots & p_{1n} \\ p_{21} & p_{22} & \cdots & p_{2n} \\ \vdots & \vdots & & \vdots \\ p_{m1} & p_{m2} & \cdots & p_{mn} \end{pmatrix} \quad (3.1)$$

形成期长(formation period)记 fp,交易期长(trading period)记 tp,交易期数量(stage number)记 stn,由以下公式求得

$$stn = \text{ceil}^{①}\left(\frac{n - fp}{tp}\right) \quad (3.2)$$

交易期序号记 $o, o \in [1, stn]$,形成期各期长 $fp_o = fp$,交易期各期长由以下公式求得

$$tp_o = \min(tp, n - fp - (o-1) \times tp) \quad (3.3)$$

形成期起点(formation period beginning)记 fpb,以下公式求得

$$fpb_o = 1 + (o-1) \times tp \quad (3.4)$$

形成期终点(formation period end)记 fpe,由以下公式求得

$$fpe_o = fp + (o-1) \times tp \quad (3.5)$$

交易期起点(transaction period beginning)记 tpb,由以下公式求得

$$tpb_o = fpe_o + 1 \quad (3.6)$$

---

① ceil(…)表示向正无穷方向取整。

交易期终点(transaction period end)记 tpe，由以下公式求得

$$tpe_o = \min(fpe_o + tp, n) \tag{3.7}$$

r 行 n 列股票价差(Price Spread)矩阵 $\mathbf{PS}$，由以下公式求得

$$\mathbf{PS}_{kt} = \log(P_{it}) - \log(P_{jt}) \tag{3.8}$$

股票对序号 k 由以下公式求得

$$k = (i-1) \times m - (i-1) \times i \div 2 + (j-i) \tag{3.9}$$

股票价格形式变换过程见图3.4。

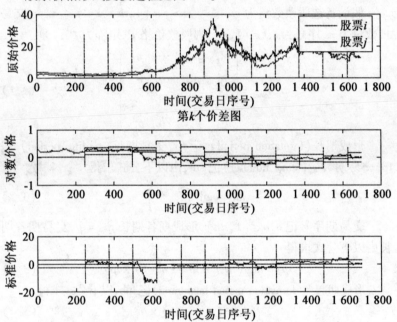

图3.4 价差变换示意图

Fig. 3.4 The schematic diagram of the transform process of price spread

注：图中列示上海证券市场某股票对价差在各交易期变换过程及结果情况

3.2.2 统计指标

第 o 个交易期价差统计指标如下：

价差均值(Mean) 由以下公式求得

第3章 配对交易模型目标和价差统计特征

$$\overline{PS}_{ko} = \frac{1}{fp_o} \sum_{t=fpb_o}^{fpe_o} PS_{kt} \qquad (3.10)$$

标准差(Std)由以下公式求得

$$S_{ko} = \sqrt{\frac{1}{(fp_o - 1)} \sum_{t=fpb_o}^{fpe_o} (PS_{kt} - \overline{PS}_{ko})^2} \qquad (3.11)$$

偏度(Skewness)由以下公式求得

$$SK_{ko} = \frac{fp_o}{(fp_o - 1)(fp_o - 2)} \sum_{t=fpb_o}^{fpe_o} \left(\frac{PS_{kt} - \overline{PS}_{ko}}{S_{ko}} \right)^3 \qquad (3.12)$$

峰度(Kurtosis)由以下公式求得

$$K_{ko} = \frac{fp_o(fp_o + 1)}{(fp_o - 1)(fp_o - 2)(fp_o - 3)} \sum_{t=fpb_o}^{fpe_o} \left(\frac{PS_{kt} - \overline{PS}_{ko}}{S_{ko}} \right)^4 -$$

$$3 \frac{(fp_o - 1)^2}{(fp_o - 2)(fp_o - 3)} + 3 \qquad (3.13)$$

相关系数由以下公式求得:

$$\rho_{ko} = \rho_{i,j} \big|_{t \in [tpb_o, tpe_o]} = \frac{Cov_{ko}}{S_{io} S_{jo}} \qquad (3.14)$$

其中各股票价格标准差由以下公式求得

$$S_{io} = \sqrt{\frac{1}{(fp_o - 1)} \sum_{t=fpb_o}^{fpe_o} (P_{it} - \overline{P}_{io})^2} \qquad (3.15)$$

各股票价格协方差由以下公式求得

$$Cov_{ko} = \frac{1}{fp_o} \sum_{t=fpb_o}^{fpe_o} [(P_{it} - \overline{P}_{io})(P_{jt} - \overline{P}_{jo})] \qquad (3.16)$$

股票价差平方和(the Sum of Squared Differences)由以下公式求得

$$SSD_{ko} = \sum_{t=fpb_o}^{fpe_o} \left(\frac{P_{it} - \overline{P}_{io}}{S_{io}} - \frac{P_{jt} - \overline{P}_{jo}}{S_{jo}} \right)^2 \qquad (3.17)$$

第 k 个股票对第 o 个交易期内平仓次数为 Q 次,序号记 q,建仓日期记 u_q,平仓日期记 v_q, $tpb_o \leq u_q < v_q \leq tpe_o$,本次持仓时间由以下公式求得

$$SPT_{koq} = u_q - v_q + 1 \tag{3.18}$$

本交易期持仓时间由以下公式求得

$$SPT_{ko} = \sum_{q=1}^{Q} (u_q - v_q + 1) \tag{3.19}$$

累计持仓时间由以下公式求得

$$SPT_k = \sum_{o=1}^{stn} \sum_{q=1}^{Q} (u_q - v_q + 1) \tag{3.20}$$

由于各统计指标都有发展和演化过程,通过以上公式的引入能更有效地明确文章统计指标的定义。

3.2.3 交易策略及目标

交易价差(Price Spread for Trading)由以下公式求得

$$PST_{kot}\big|_{t \in [tpb_o, tpe_o]} = \frac{PS_{kot} - \overline{PS}_{ko}}{S_{ko}} \tag{3.21}$$

买入费率记 f_{in},卖出费率记 f_{out},3 种交易策略如下:

(1) GGR 建仓策略:首次出现 $PST_{kot_1}\big|_{t_1 \in [tpb_o, tpe_o]} \in [2S_{ko}, 3S_{ko}]$,此时 $u_q = t_1$,止损条件为 $3S_{ko}$。

(2) Herlemont 建仓策略:在 GGR 建仓位置后首次出现 $PST_{kot_2}\big|_{t_2 \in [tpb_o, tpe_o]} < 2S_{ko}$,此时 $u_q = t_2$,止损条件为 $3S_{ko}$。

(3) 折回首日建仓策略:在 GGR 建仓位置后首次出现 $PST_{ko(t_3)} < PST_{ko(t_3-1)}$,此时 $u_q = t_3$,止损条件为 $PST_{ko(t_3)} + S_{ko}$。

由于 GGR 策略触发当天建仓,折回首日策略触发后首次出现折回建仓,Herlemont 策略要折回至 2 倍标准差内当日建仓,故有如下关系:

$$tpb_o \leq t_1 < t_3 \leq t_2 < tpe_o \tag{3.22}$$

本次交易收益由以下公式求得

$$R_{koq} = \text{sign}(PS_{ku_q}) \times \left(\frac{PST_{jv_q}}{PST_{ju_q}} - \frac{PST_{iv_q}}{PST_{iu_q}} \right)(1 - f_{in})(1 - f_{out})^{[1]} \tag{3.23}$$

---

[1] $\text{sign}(PS_{kto})$ 即取 PS_{kto} 的正负符号。

本交易期收益由以下公式求得：

$$R_{ko} = \sum_{q=1}^{Q} R_{koq} \qquad (3.24)$$

累计收益由以下公式求得：

$$R_k = \sum_{o=1}^{stn} \sum_{q=1}^{Q} R_{koq} \qquad (3.25)$$

记年交易日数量为 year，第 k 个股票对年收益率由以下公式求得：

$$RY_k = \frac{R_k \, year}{stn \; tp} \qquad (3.26)$$

配对交易建仓策略如图 3.5 所示。

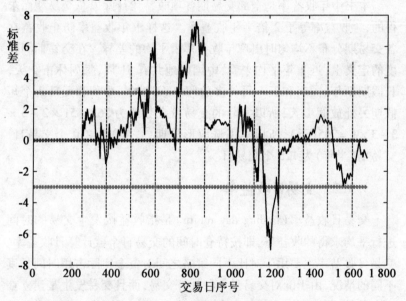

图 3.5　交易策略示意图

Fig. 3.5　The schematic diagram of the transaction strategy

注：图中列示上海证券市场某股票对价差在各交易期标准差倍数情况

3.3 交易目标与评价标准

3.3.1 年收益率

年收益率(annual rate of return)是指一项交易在一个交易期里,一般为一个日历年,所产生的收益的总和,当交易期超过一年时,年收益率可以通过各年收益率平均或者将累计收益按交易期平均两种方法求得。

本书中年收益率是全部交易期各项收益累计除以总交易期而求得的,年收益率等于 2 倍半年收益率。这样求年收益率防止收益在各交易期分布不均匀时出现年收益率求平均的差异。在交易期间长度的定义上,近 7 年平均来看,中国内地共有 51 周,每周休市 2 天,长假期新年、国庆和五一另外多放假 5 天,端午、中秋和元旦 3 个短假期另外放假 1 天,所以实际的交易日个数约为 $365 - 51 \times 2 - 5 \times 3 - 3 \times 1 = 245$(天),所以本书选取形成期(一年)为 250 个交易日,交易期(半年)为 125 个交易日。

3.3.2 交易日收益率

交易日收益率(trading day return)是指收益按发生交易的时间进行平均求得的收益率,即按持仓时间的交易日个数计算日收益率。交易日收益率主要用于对比不同策略之间对资金实际占用时间长度不同的情况,由于配对交易是一种杠杆交易,而且交易发生是建立在一定条件下的,所以仓位在大多时都是空仓的,此时资金可以进行一些另外的投资活动,待配对交易需要建仓时才是真正占用。最典型的一种闲置资金投资形式是活期存款,或者定期存款,这样的资产组合能更有效地运用资金,而且通过交易日收益率的计算,可以更准确地反映所持股票对价差回复的性质和能力,更有利于优良股票对的选择。

3.3.3 夏普比率

夏普比率(sharpe ratio)是指期间收益率,如年收益率经过风险调整后的单位风险收益率,即每多承担一个单位风险而额外得到的收益。夏普比率有不少定义,但其最重要的思想是风险补偿理论,即市场会对额外承担的风险给予一定的补偿,承担风险多的策略收益率会比承担风险少的策略收益率一般更高,风险的大小以变量的标准差进行度量,经过风险调整后的收益率才更具有可比性。当然,收益率要先扣除市场的一个基准的无风险收益率才进行风险调整并计算夏普比率。夏普比率是常用的一个交易目标指标,但在实际操作中夏普比率有一定的局限性,一个是市场的基准无风险收益率,这是一个不容易统一确定的水平,另一个是风险程度,目前通用的是以标准差代表风险程度,不同学者对风险程度的度量有不同意见,所以仍然存在不少实际问题。

3.3.4 其他目标

除了以上的年收益率、交易日收益率、夏普系数3个交易目标外,还有很多,如收益平稳性,收益与市场收益的相关性等目标。收益的平稳性主要指通过交易要获得平稳、长期的投资收益,收益变化不要太大。交易收益与市场收益相关性小的目标是指,市场收益波动性较大,希望通过交易获得与市场收益不相关的收益,保持一种更好的市场中性(market neutral)地位。

3.3.5 交易目标之间的关系

虽然交易目标有很多,但在实际操作中所常用的目标并非很多,其中年收益率、交易日收益率、夏普系数3个交易目标是众多目标中最通用的目标。由于各交易目标间的相关性很强,累计收益是交易执行的最终标准,年收益率是表示累计收益的最简单、最直观的指标,所以下文重点研究年收益率。

3.4 狭义价差统计特征

狭义的价差统计特征主要指价差的数字特征或统计学指标,包括价差的均值、标准差、偏度、峰度,还包括构成股票对的两个股票价格序列的相关系数和协方差。均值、标准差、偏度、峰度均是两个股票对数价格差在形成期里的无偏统计值,分别代表价差在形成期概率分布的平均值、离散程度、偏斜程度及中间聚集程度(或尾部分散程度)。相关系数表示两个股票价格序列一致性程度,协方差表示两个股票价格序列协同变异的程度。各指标详细讨论如下:

1. 均值(Mean)

均值,是描述价差随机变量在形成期里所出现位置的平均值,价差序列是经过两个股票价格取常用对数变形后相减而得的。对于某个特定股票对来说,当价差均值大于零时,表示该股票对在该形成期的价格上涨顺序并不均衡,前一个股票先涨的情况较多。由于本书配对交易采用的是对股票池中股票进行从前到后全配对的方式,所以若全部的均值总体上不为零,则反映涨跌顺序与股票池中股票排序存在关系。

2. 标准差(Standard Diviation)

标准差,是描述价差随机变量在形成期里服从分布的离散程度,是方差的开方。若价差跨期所服从的分布没有发生重大变化,则价差的离散程度也会保持在一个相对稳定水平。由于本书的标准化是以形成期均值和标准差进行的,配对交易是对标准化变形后价差进行交易的,所以变换后价差标准差值一般也不会很大。

3. 偏度(Skewness)

偏度,是描述价差分布左右对称情况的统计量,Pearson(1895)、James(1903)和David(2011)对此概念有较详细的研究,在教学和科研中,很多随机变量是服从对称分布的,此时分布的偏度值为零。若分布不对称,当偏度大于零时,表示股票价差均值两边分布不均,拖着一条正的长的尾巴,价差正数的值一旦出现,奇异值的可能性相对负数一边出现的可能性大。

4. 峰度(kurtosis)

峰度,是描述价差随机变量所服从分布的中间聚集程度的指标,同时它也是刻画随机变量分布尾部特征的一个重要统计指标,峰度的大小代表着价差尾部延伸的长度,Pearson(1905)、Kevin(1988)和Anna(2009)对此概念有较详细的研究。很多时候配对交易可以设定,只有价差出现超过2倍标准差的情况,交易才会触发,也就是才有交易的可能。

5. 相关系数(correlation coefficient)

相关系数,是描述两个序列一致性程度的统计指标,是对协方差进行标准差调整后的相对指标,数值在区间[0,1],相关系数值越大,反映两个序列按一定顺序变化情况越相近。

6. 协方差(covariance)

协方差,是描述股票对两个股票之间价格协同变异程度绝对数值的统计指标,即两个股票在各个时刻同时离开均值的程度,协方差大的股票对一般两个股票价格序列相差较远,显示两个股票在性质、涨跌时间和涨跌幅度等方面存在较大的差异。

3.5 广义价差统计特征

广义的价差统计特征主要指除狭义价差统计特征外的其他统计特征,主要包括价差平方和SSD、持仓时间、平仓次数、成败标记、股票同行业与否、股票价格序号距离等。各指标详细讨论如下:

1. 股票价差平方和(the sum of squared differences, SSD)

股票价差平方和,是描述股票对中两个股票价格在形成期里差异情况的绝对数值,按Chang et al. (2007)所示,SSD指两个股票价格序列差异的平方和。传统情况下的价格差异是通过价格差异的求和或对价格差异先求绝对值再求和而得到的,通过以平方和的形式放大价差程度,同样可以达到比较价差程度的目的。

2. 持仓时间(position time)

持仓时间,是交易期内实际仓位持有时间,按交易日计算,数值越大,持仓时间越长。当价差达到并满足建仓条件时,系统自动建仓,当价差达到平仓条件或到达交易期结束时,系统自动平仓。持仓时间是投资资金真正占用的时间,此外的时间预备资金是可以进行另外的投资活动的。

3. 平仓次数(position closing times)

平仓次数,是表示按一定交易策略在各交易期内累计出现的平仓次数,本书中回复平仓记1次,止损平仓记1次,到期不回复也不出界记0.5次。平仓次数是代表特定股票对在交易期表现活跃程度最重要的指标之一,平仓次数多,则该股票对活跃。

4. 成败标记(sign of success or failure)

成败标记,是记录平仓结果的一个自制变量,其中回复平仓记1,交易期结束平仓记0,止损平仓记-1,即失败一次,所以该数值越大表示年收益率可能越大。

5. 同行与否(same industrial or not)

同行与否,是表示两个股票的行业属性是否一致,当构成股票池后,同行与否指标则比较重要。行业划分标准由不同机构给出,但实际上,不同机构给出的行业划分结果一般是不同的,而且同一个机构在不同时期对同一个上市公司给出的行业分类情况也有不同。行业分类有不同级别的划分标准,所以在应用中同行与否指标需要进一步结合实际情况讨论选定。

6. 股价序号距离(distance of serial number)

股价序号距离,是备选股票形成期股价均值序号的差值,表示股票对中两个股票在备选股票池中的相对位置,数值越大,表示股票对中两个股票价格相差越远。这是一个序号指标的差值,与价格绝对值距离相比,更加稳健且容易接受,比较起来也相对方便。

基于狭义和广义的价差统计特征,根据实际情况,在实践中可以再构造出一些人造的变量进行统计分析,包括二次项、交叉项等形式都是可以考虑的。

3.6 参数选择标准及主要参数

本书实证参数选定的原则是通用、标准和易操作,实证主要参数为,形成期(一年)为250个交易日,交易期(半年)为接着形成期的125个交易日,交易期结束后形成期往后移动一个交易期,不断推进,2004年至2010年共12个交易期。买入交易费率0.2%,卖出交易费率0.3%,香港市场的交易费率比内地的少,但由于总费用率差异不大,所以费用率统一按内地标准执行,执行GGR、Herlemont和"折回首日"(first turn back date,记WM-FTBD)3种建仓策略,即当价差超过2倍标准差触发后,GGR建仓策略马上建仓,3倍标准差止损。Herlemont建仓策略在价差触发后,等价差首次穿过2倍标准差回复才建仓,3倍标准差止损。FTBD触发后逐日盯市(marked-to-market),一旦出现当天收盘价低于昨天的,当天收盘时建仓,止损位置设在建仓日收盘价再远离均值1倍标准差处,持仓至均值回复或交易期终止时平仓,若出现止损,待均值回复后再盯市建仓,年收益率等于2倍半年收益率。

3.7 数据及计算说明

根据市值分布特点,结合计算机单机计算能力,本书从沪深港3个市场分别选择了上证50指数(记SSE50)股票、深证成分指数(记SCI40)股票和香港恒生指数(记HSI45)股票构建全配,对股票对分别代表3个市场进行配对交易实证研究,期间为2004年1月1日(上证50指数初始发布时间)至2010年12月31日。

SSE50(shanghai stock exchange)数据是2011年3月29日从

Wind 金融数据库下载的上证50指数2011年1月1日50个样本股票,2004年1月1日至2010年12月31日共7年1 700个交易日收盘价数据。50个指数样本股去除研究期间数据不全的股票后备选股票21个,形成股票对总数210个。

SCI40(Shenzhen Component Index)数据是2011年7月23日从Wind金融数据库下载的深圳成分指数,2011年7月23日40个样本股票,2004年1月1日至2010年12月31日共7年1 700个交易日收盘价数据。40个指数样本股去除研究期间数据不全的股票后备选股票33个,形成股票对总数528个。

HSI45(Hang Sheng Index)数据是2011年5月24日从Wind金融数据库下载的恒生45指数,2011年5月24日45个样本股票,2004年1月1日至2010年12月31日共7年1 730个交易日收盘价数据,7年里香港比内地多30个交易日。45个指数样本股去除研究期间数据不全的股票后备选股票26个,形成的股票对总数325个。

计算软件使用MATLAB、SPSS等,数据结果整理、复核、排版主要使用EXCEL,图表编制主要使用MATLAB。

本 章 小 结

本章比较系统地介绍了配对交易及其模型、价差变换过程、交易目标、评价标准及各目标间关系,介绍狭义统计特征指标定义和计算形式,广义价差统计特征的来源、形式和计算过程,说明本书参数选择标准及各主要参数情况,最后说明本书实证所用数据的来源及其他基本情况、数据计算软件等。本章对价差统计特征从狭义推广到广义,且新创设了3个指标,丰富了相关研究的基础内容。

第4章 配对交易统计基础及沪深港实证检验

配对交易最主要的目的之一是从证券市场中稳定而长期获取利益。换言之,这涉及配对交易是否可行,是否在概率统计上有充分的支持和解释。这是配对交易存在和发展的根本问题。另一方面,这也是一个市场有效性问题,即若市场完全有效,则不存在任何一种策略,包括配对交易,能在市场长期稳定地获取利益,除非市场是有限有效的市场。所以本章关于配对交易统计基础的内容是后面章节开展研究的基础和前提。

为理清配对交易统计基础,划分收益来源,讨论配对交易是否能成功、交易目标是否可实现等一系列基本问题,确立本书研究基础、意义及可行性,本章运用 Kolmogorov-Smirnov(以下简记 KS)、Wilcoxon 和 Jarque-Bera(以下简记 JB)检验,在沪深港股票市场对价差进行跨期分布一致性检验、单峰对称分布和特定分布检验,构建了 4 种交易方法并对结果进行了比较,发现价差分布尾部上海最薄,香港最厚,3 个市场交易机会相近,拉普拉斯分布和 JB 检出标准正态分布的价差收益较高。结果表明,部分形成期与交易期价差来源同一分布,交易机会和成功概率可用切比雪夫不等式粗略估计,跨期检验和单峰对称分布检验有助于理清收益来源,但不一定对收益产生必然提高,从成功概率及平均收益率看,有效市场不一定适合配对交易。

4.1 配对交易统计方法

国际上配对交易研究近 5 年进入较快的发展阶段,统计方法主要运用在股票对排序和描述性统计等方面。在股票对排序方式上所采用的方法主要有：一是按股票对协整分析的结果进行排序，优选出股票对再进行研究。二是对股票对进行相关性分析(OLS)，根据股票对相关分析的结果进行排序，或采用了 Flexible Least Squares (FLS)进行分析。三是根据股票价差平方和大小进行排序。在股票对的统计特征上，大多学者都考察了股票对价差的均值、方差和标准差，而除个别学者在研究中提到偏度、峰度等概念外，关于股票对价差统计特征的深入研究还是很少。在实证检验方法上，多数学者采用的是形成期和交易期的实证方法，选定一年为形成期，根据此期间交易数据情况计算出各指标、完成股票对排序并选出交易股票对，选定接下来的 6 个月为交易期，在此期间进行交易并统计交易结果，不断循环。但运用以上股票对选择方法和交易方式前，未十分清楚的重要问题是，前期数据是否能有效预测未来情况，而且相关的统计学基础可以进一步加强。

为回答市场有效性程度，以前期数据指导后期交易是否合理，数据如何使用才能更合理，不同证券市场的交易机会、成功概率、交易对象所服从分布的大致情况，收益的大致来源，配对交易应该在什么市场以什么方式进行发展等一系列基本问题，本章要根据大数定理，阐述并突出配对交易多次重复所得到交易对象概率分布、成功概率和收益情况的数学意义，根据切比雪夫不等式，阐述配对交易在沪深港 3 个市场交易机会和成功概率，检查和评估配对交易对象所服从分布在不同市场随时间发生变化的速度和差异，选出一些常见分布对交易对象进行拟合和比较，优选出一些交易对象的评价标准，同时还对个别分布一致性检验方法、正态性检验方法进行比较，给出供实证应用参考的比较结果。本章将运用 Kolmogorov-Smirnov(以下简记 KS)、Wilcoxon Ranksum 检验方法对跨期分布一致性进行检验，运用 KS 和 JB 对交易对象服从正态分布进行检验，构建 4 种交易方法，分别汇总、对比各情况下的交易结果，根据结果回答以上问题。

4.2 统计基础和检验

4.2.1 统计基础

1. 大数定律

定理1(柯尔莫哥洛夫(Kolmogorov)强大数定律):设$\{X_n\}$是相互独立同分布的随机变量序列,且数学期望$EX_n = a$存在,则有

$$P\left(\lim_{n\to\infty}\frac{1}{n}\sum_{k=1}^{n}X_k = a\right) = 1 \qquad (4.1)$$

柯尔莫哥洛夫强大数定律表明,可以概率1断言,当观测次数n充分大时,X的n次观测的平均值$\frac{1}{n}\sum_{k=1}^{n}X_k$能随意逼近它的数学期望。在配对交易中,若某股票对的价差和收益率分别是独立同分布随机变量序列,数学期望存在,则通过对价差和收益率分别进行大量的观测,价差和收益率均值收敛于各自所服从分布的数学期望。

推论1(博雷耳(Borel)强大数定律):设$\{X_n\}$是相互独立同分布的随机变量序列,其共同的分布列是$P(X_n=1)=p$和$P(X_n=0)=1-p$,则有

$$P\left(\lim_{n\to\infty}\frac{1}{n}\sum_{k=1}^{n}X_k = p\right) = 1 \qquad (4.2)$$

在关于事件A发生与否的伯努利试验序列(Sequence of Bernoulli Trials)中,Borel大数定律表明,可以概率1断言,当试验次数n充分大时,事件A发生的频率就能随意逼近它发生的概率。在配对交易中,当对某股票对进行交易时,在关于交易成功与否的伯努利试验序列中,当交易次数充分大时,交易成功的频率能随意逼近它的概率。

泊松(Poisson)弱大数定律:设$\{X_n\}$是相互独立的随机变量序列。对$n=1,2,\cdots,X_n$有分布列$P(X_n=1)=p_n$和$P(X_n=0)=1-p_n$,则对任意$\varepsilon>0$有

$$\lim_{n\to\infty} P\left(\left|\frac{1}{n}\sum_{k=1}^{n}X_k - \frac{1}{n}(p_1+p_2+\cdots+p_n)\right| < \varepsilon\right) = 1 \quad (4.3)$$

在配对交易中,若价差是独立随机变量序列,各个序列都有自己交易成功的概率,若对市场上大量的价差进行交易,只要价差(或者股票对)个数充分大,则全部交易总体成功率频率的均值依概率收敛于对各对象交易成功概率的均值。

2. 切比雪夫不等式(Chebyshev inequality)

若随机变量 X 的数学期望为 $E(X)=\mu$ 和方差 $\mathrm{Var}(X)=\sigma^2$ 存在,则对于任意 $\varepsilon>0$,有

$$P(|X-E(X)|\geq\varepsilon)\leq\frac{\mathrm{Var}(X)}{\varepsilon^2} \quad (4.4)$$

在实践中,经常将 ε 写成标准差 σ 的倍数,即 $\varepsilon=k\sigma$,这里 k 为某一正常数,一般取 $k>1$,则

$$P(|X-\mu|\geq\varepsilon)=P(|X-\mu|\geq k\sigma)\leq\frac{\sigma^2}{\varepsilon^2}=\frac{\sigma^2}{(k\sigma)^2}=\frac{1}{k^2} \quad (4.5)$$

即

$$P(|X-\mu|\geq k\sigma)\leq\frac{1}{k^2} \quad (4.6)$$

其对立事件为

$$P(|X-\mu|<k\sigma)>1-\frac{1}{k^2} \quad (4.7)$$

即至少有 $1-\frac{1}{k^2}(k>1)$ 的概率保证随机变量 X 取值与均值的距离在 k 个标准差内。若取 $k=2,3,4$,则

$$P(|X-\mu|<2\sigma)\geq 1-\frac{1}{2^2}=0.75 \quad (4.8)$$

$$P(|X-\mu|<3\sigma)\geq 1-\frac{1}{3^2}=0.8889 \quad (4.9)$$

$$P(|X-\mu|<4\sigma)\geq 1-\frac{1}{4^2}=0.9375 \quad (4.10)$$

以上结果比较粗略。当 $X \sim N(\mu, \sigma^2)$ 时，

$$P(|X-\mu|<2\sigma) = 0.954\ 5 \quad (4.11)$$

$$P(|X-\mu|<3\sigma) = 0.997\ 3 \quad (4.12)$$

$$P(|X-\mu|<4\sigma) = 0.999\ 94 \quad (4.13)$$

实际上，一旦分布形态被大致确定后，各项的估计和应用都已经可以比较准确地展开了。在配对交易实践中，基于大数定律和切比雪夫不等式，对价差在某个时期进行大量的观测，可以大致测量出价差服从的分布、相应的密度函数，以及一些主要的统计特征。这就为配对交易以纯统计方法展开奠定了有力的统计基础。

3. 概率的马尔可夫(Markov)性

定理2：设有 n 个事件 $A_1, A_2, \cdots, A_n$ 满足 $P(A_1 A_2 \cdots A_n) > 0$，则有

$$P(A_1 A_2 \cdots A_n) = P(A_1) P(A_2|A_1) P(A_3|A_1 A_2) \cdots P(A_n|A_1 A_2 \cdots A_{n-1})$$
$$(4.14)$$

特别地，若每个事件仅仅依赖前面的一个事件，即 A_{j+1} 只依赖于 A_j，一旦 A_j 给定，A_{j+1} 不再依赖 $A_{j-1}, A_{j-2}, \cdots, A_1$，那么

$$P(A_1 A_2 \cdots A_n) = P(A_1) P(A_2|A_1) P(A_3|A_2) \cdots P(A_n|A_{n-1})$$
$$(4.15)$$

这称为概率的马尔可夫性。

4. 分布的时间序列稳定性

价差作为一个随机变量，在不同时候都服从一定的随机分布，由于证券市场多数是半强式或弱式有效的市场，所以价差所服从的随机分布也会在一定程度上保持一定的稳定性，价差所服从的分布会通过对市场信息的反映来修正分布形态。当市场更有效时，价差分布的连续性越差，即下一期价差所服从的分布与上一期分布的相关程度越小，在给定市场的情况下，市场的信息反映机制在相当程度下是比较稳定的。此时，在较短的时间间隔内，价差的分布不会发生实质性的变化，以此时形成期价差所服从的分布预测未来价差情况是合理的。

4.2.2 检验方法

1. 柯尔莫哥洛夫 – 斯米尔诺夫(Kolmogorov-Smirnov)检验

(1)单个总体分布函数 Kolmogorov 检验。

单个总体分布函数 Kolmogorov 检验,直接针对原假设

$$H_0: F(x) = F_0(x)$$

是基于经验分布函数与样本分布函数的拟合优度,但是 $F(x)$ 必须是连续分布。

设某个总体 X 服从连续分布,$X_1, X_2, \cdots, X_n$ 是来自总体 X 的简单随机样本,根据概率论的大数定律,当 n 趋于无穷大时,经验分布函数 $F_n(X)$ 以概率收敛总体分布函数 $F(X)$,即

$$\lim_{n \to \infty} F_n(x) \xrightarrow{P} F(x), \quad -\infty < x < +\infty$$

定义 $F_n(X)$ 到 $F(X)$ 的距离为

$$D_n = \sup_{-\infty < x < +\infty} |F_{(n)}(x) - F(x)| \tag{4.16}$$

Glivenko-Cantelli 引理证明了当 n 趋于无穷大时,D_n 以概率收敛于 0,即 $\lim_{n \to \infty} D_n \xrightarrow{P} 0$。

Kolmogorov 检验的基本步骤如下:

①设定原假设与备择假设,即

$$H_0: F(x) = F_0(x)$$
$$H_1: F(x) \neq F_0(x)$$

其中 $F_0(x)$ 是给定的连续分布函数。

②选取检验统计量,即

$$D_n = \sup |F_{(n)}(x) - F_0(x)| \tag{4.17}$$

当 H_0 为真时,D_n 有偏小趋势。在显著性水平下,一个合理的检验是 $\sqrt{n} D_n > k$,则拒绝原假设,其中 k 为合适的常数。在 $F_0(x)$ 为连续分布函数的假定下,当原假设为真时,Kolmogorov 推出了 $\sqrt{n} D_n$ 的极限分布,结果是

$$F(t) = \lim_{n \to \infty} P(\sqrt{n} D_n \leq t) = 1 - 2\sum_{i=1}^{\infty} (-1)^{i-1} e^{-2i^2 t^2}, t > 0$$
(4.18)

③确定拒绝域。

给定显著性水平 α,使 $P(\sqrt{n} D_n \geq t_\alpha) = \alpha$,查表得分位数 t_α 作临界值,则拒绝域为 $[t_\alpha, +\infty)$。

④计算检验统计量的观察值。

⑤做出判断。

若检验统计量 $\sqrt{n} D_n$ 的观测值落入拒绝域中,则拒绝原假设,否则接受。

(2) 两个总体分布函数 Smirnov 检验。

设两个总体都服从连续分布,其分布函数分别为 $F(x)$ 和 $G(x)$ 且未知,分别独立地从两个总体抽取容量为 n_1 和 n_2 的简单随机样本,$X_1, X_2, \cdots, X_{n_1}$ 和 $Y_1, Y_2, \cdots, Y_{n_2}$,检验假设

$$H_0: F(x) = G(x)$$
$$H_1: F(x) \neq G(x)$$

令 $F_{n_1}(x)$ 和 $G_{n_2}(x)$ 分别表示两个总体的经验分布函数。$F_{n_1}(x)$ 和 $G_{n_2}(x)$ 之间的差异反映了 $F(x)$ 和 $G(x)$ 之间的差异,故取统计量为

$$D_{n_1, n_2} = \sup_{-\infty < x < +\infty} |F_{n_1}(x) - G_{n_2}(x)| \quad (4.19)$$

当 H_0 为真时,$F(x)$ 和 $G(x)$ 是相同的分布函数,$F_{n_1}(x)$ 和 $G_{n_2}(x)$ 应当相当接近。Glivenko-Cantelli 引理已经证明了

$$\lim_{\substack{n_1 \to \infty \\ n_2 \to \infty}} D_{n_1, n_2} \xrightarrow{P} 0 \quad (4.20)$$

因此,对于合适的常数 k,当 $\sqrt{\dfrac{n_1 n_2}{n_1 + n_2}} D_{n_1, n_2} \geq k$ 时,则拒绝原假设是合理的。

当 $n_1, n_2 \to \infty$ 时,Smirnov 推出了极限分布

$$\lim_{\substack{n_1\to\infty \\ n_2\to\infty}} p\left(\sqrt{\frac{n_1 n_2}{n_1+n_2}} D_{n_1,n_2} \leq t\right) = F(t) = 1 - 2\sum_{i=1}^{\infty}(-1)^{i-1}e^{-2i^2 t^2}$$

(4.21)

给定显著性水平使

$$p\left(\sqrt{\frac{n_1 n_2}{n_1+n_2}} D_{n_1,n_2} \geq t_\alpha\right) = \alpha \qquad (4.22)$$

查表得分位数 t_α 作临界值,当观察值 $\sqrt{\frac{n_1 n_2}{n_1+n_2}} D_{n_1,n_2} \geq t_\alpha$ 时拒绝原假设。

2. Wilcoxon 秩和检验方法

(1)假设检验。

设共有 N 个个体,其中 n 个到新方法组,其余 m 个到对应组接受处理,试验后将这 N 个个体重新排序得到各个体的秩 $(S_1, S_2, \cdots, S_n)$ 和 $(R_1, R_2, \cdots, R_m)$。检验两种方法有无显著差异,要建立单边假设检验的零假设和备择假设。

H_0:两种方法无显著差异;

H_1:新方法优于对照方法。

若新方法显著优于对照方法且处理效果由差到好排序,则接受新方法处理后的个体总体趋势应排在后面,即具有较大的秩。构建 Wilcoxon 秩和检验统计量 W_s,令

$$W_s = S_1 + S_2 + \cdots + S_n = \sum_{i=1}^{n} S_i \qquad (4.23)$$

当 W_s 充分大时,如 $W_s \geq c$ 时,拒绝 H_0,即认为新方法比对照方法显著有效。临界值 c 由显著性水平 α 和 W_s 的零分布(即在 H_0 为真时,W_s 的分布)所决定,即选择 c,使满足 $P_{H_0}(W_s \geq c) = \alpha$。在 H_0 下,由于 $S_i(i=1,2,\cdots,n)$ 在 $\{1,2,\cdots,N\}$ 中随机取值

$$P[S_1 = s_1, S_2 = s_2, \cdots, S_n = s_n] = \frac{1}{\binom{N}{n}} \qquad (4.24)$$

故 W_s 是取值介于 $\frac{n(n+1)}{2}$ 与 $\frac{n(2N-n+1)}{2}$ 之间的正整数离散型随机变量。记 $\#\{\omega;n,m\}$ 表示使 $W_s=\omega$（即 n 个数之和为 ω）所有可能的数目，则

$$P_{H_0}(W_s=\omega)=\frac{\#\{\omega;n,m\}}{\binom{N}{n}} \tag{4.25}$$

由于 W_s 是离散型随机变量，使得 $P_{H_0}(W_s\geq c)=\alpha$ 精确成立的 c 一般不存在，此时我们选使 $P_{H_0}(W_s\geq c)$ 最接近 α 的 c 为临界值。当 m 和 n 均比较大时，完全求出的零分布较难，可计算 p 值，检验 p 值在 H_0 下 W_s 取大于或等于其观测值 ω_s 的概率。令

$$p=P_{H_0}(W_s\geq\omega_s)=\sum_{k\geq\omega_s}P_{H_0}(W_s=k) \tag{4.26}$$

将 p 与显著性水平 α 比较，若 $p<\alpha$ 则拒绝 H_0，否则接受 H_0。

若是双边检验，由对称性可知其检验 p 值为单边检验 p 值的 2 倍。

（2）Wilcoxon 统计量的渐近零分布。

当 m,n 很大时，计算 Wilcoxon 秩和检验统计量 W_s 精确零分布很难且没有必要，而当 $m,n\to\infty$ 时，W_s 可以其渐近零分布作为近似零分布进行统计检验。当 H_0 为真时，W_s 的数学期望 $E(W_s)=\frac{1}{2}n(N+1)$，方差 $D(W_s)=\frac{1}{12}mn(N+1)$，并且对一切实数 c，有

$$\lim_{m,n\to\infty}P_{H_0}\left(\frac{W_s-E(W_s)}{\sqrt{Var(W_s)}}\leq c\right)=\Phi(c) \tag{4.27}$$

其中 $\Phi(x)$ 为标准正态分布的分布函数。若 W_s 的观测值为 ω_s，则当 m,n 充分大时有

$$P_{H_0}(W_s\leq\omega_s)=P_{H_0}\left(\frac{W_s-E(W_s)}{\sqrt{Var(W_s)}}\leq\frac{\omega_s-E(W_s)}{\sqrt{Var(W_s)}}\right)\approx\Phi\left(\frac{\omega_s-\frac{1}{2}n(N+1)}{\sqrt{\frac{1}{12}mn(N+1)}}\right) \tag{4.28}$$

通过查正态分布表便可求得的近似值。

3. Jarque-Bera 检验

设某个总体 X 的样本值为 $(x_1, x_2, \cdots, x_n)$，原假设 H_0：X 服从标准正态分布

检验统计量 JB 为

$$JB = n\left\{\frac{1}{6}(SK)^2 + \frac{1}{24}(Ku-3)^2\right\} \tag{4.29}$$

其中

$$SK = \frac{\sqrt{n}\sum_{i=1}^{n}(x_i - \bar{x})^3}{[\sum_{i=1}^{n}(x_i - \bar{x})^2]^{\frac{3}{2}}} \tag{4.30}$$

$$Ku = \frac{n\sum_{i=1}^{n}(x_i - \bar{x})^4}{[\sum_{i=1}^{n}(x_i - \bar{x})^2]^2} \tag{4.31}$$

当 JB 统计量大于临界值，拒绝原假设。

4. 符号检验

设有 N 对个体，每对中任取一个接受新方法试验，另一个接受对照方法考察处理结果零假设为 H_0：两种方法处理效果无显著差异。令

$$I_i = \begin{cases} 1, \text{第 } i \text{ 对个体中，新方法优于对照方法} \\ 0, \text{否则} \end{cases} \tag{4.32}$$

其中 $i = 1, 2, \cdots, N$，记

$$S_N = \sum_{i=1}^{N} I_i \tag{4.33}$$

则 S_N 表示新方法处理效果优于对照方法的配对组总数。若新方法显著优于对照方法，则 S_N 的值应该明显偏大，若 $S_N \geq c$，则拒绝 H_0，其中 c 由 $P_{H_0}\{S_N \geq c\} = \alpha$ 确定。

在 H_0 下，每个个体效果处理结果仅与试验前状况有关，而与所

接受的方法无关,故 $P_{H_0}\{I_i=1\}=P_{H_0}\{I_i=0\}=\frac{1}{2}$,由于各组独立,当 H_0 为真时 S_N 服从参数为 N 和 $\frac{1}{2}$ 的二项分布 $b\left(N,\frac{1}{2}\right)$,即

$$P_{H_0}\{S_N=k\}=\binom{N}{k}\left(\frac{1}{2}\right)^k\left(\frac{1}{2}\right)^{N-k}=\frac{1}{2^N}\binom{N}{k}, k=0,1,\cdots,N \tag{4.34}$$

另外,由二项分布性质知,S_N 的零分布关于 $\frac{N}{2}$ 对称,即对 $c>0$,有

$$P_{H_0}\left\{S_N\geqslant\frac{N}{2}+c\right\}=P_{H_0}\left\{S_N\leqslant\frac{N}{2}-c\right\} \tag{4.35}$$

且 $E(S_N)=\frac{N}{2}, Var(S_N)=\frac{N}{4}$。根据中心极限定理,当 $N\to\infty$ 时,$\dfrac{S_N-\frac{1}{2}N}{\sqrt{\frac{N}{4}}}$ 趋于标准正态分布,即对于任何实数 c,有

$$\lim_{N\to\infty}P_{H_0}\left\{\frac{S_N-\frac{1}{2}N}{\sqrt{\frac{N}{4}}}\leqslant c\right\}=\Phi(c) \tag{4.36}$$

若是双边检验,由对称性可知其检验 p 值为单边检验 p 值的 2 倍。

4.2.3 几种对称分布

1. 正态分布及标准正态分布

正态分布密度函数为

$$f(x)=\frac{1}{\sqrt{2\pi}\sigma}e^{-\frac{1}{2}\left(\frac{x-\mu}{\sigma}\right)^2}, -\infty<x<+\infty \tag{4.37}$$

其中其均值 $\mu=\mu$,标准差 $\sigma=\sigma$,偏度 $SK=0$,峰度 $Kur=3$。标

准正态分布的分布函数为

$$\Phi(x) = \frac{1}{\sqrt{2\pi}} \int_{-\infty}^{x} e^{-\frac{t^2}{2}} dt \qquad (4.38)$$

2. T 分布

T 分布概率密度函数为

$$P_T(x) = \frac{\Gamma\left(\frac{k+1}{2}\right)}{\sqrt{k\pi}\,\Gamma\left(\frac{k}{2}\right)} \left(1 + \frac{x^2}{k}\right)^{-\frac{k+1}{2}} \qquad (4.39)$$

其中,k 为正整数。

3. 拉普拉斯分布

拉普拉斯分布密度函数为

$$f_{\text{Laplace}}(x;\mu,\theta) = \frac{1}{2\theta} e^{-\frac{|x-\mu|}{\theta}} \qquad (4.40)$$

其中其均值 $\mu = \mu$,标准差 $\sigma = 2\theta^2$,偏度 $SK = 0$,峰度 $Kur = 6$。对密度函数求积分得分布函数为

$$F_{\text{Laplace}}(x) = \begin{cases} 1 - \frac{1}{2}e^{-x} & \text{if } x > 0 \\ \frac{1}{2}e^{x} & \text{if } x \leq 0 \end{cases} \qquad (4.41)$$

4. 均匀分布

均匀分布(uniform distribution),X 在区间 (α,β) 的密度函数为

$$f(x) = \begin{cases} \frac{1}{\beta - \alpha} & \text{if } \alpha < x < \beta \\ 0 & \text{others} \end{cases} \qquad (4.42)$$

分布函数为

$$F(x) = \begin{cases} 0 & x \leq \alpha \\ \frac{x - \alpha}{\beta - \alpha} & \alpha < x < \beta \\ 1 & x \leq \beta \end{cases} \qquad (4.43)$$

5. Beta 分布

β(beta)分布密度函数见图 4.1,其密度函数形式为

$$f(x) = \begin{cases} \dfrac{1}{B(a,b)} x^{a-1}(1-x)^{b-1}, & 0 < x < 1 \\ 0, & \text{others} \end{cases} \quad (4.44)$$

其中

$$B(a,b) = \int_0^1 x^{a-1}(1-x)^{b-1} dx \quad (4.45)$$

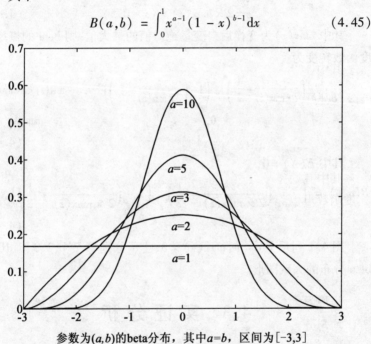

参数为(a,b)的beta分布,其中$a=b$,区间为$[-3,3]$

图 4.1 β(beta) 分布密度函数图

Fig. 4.1 The figure of the distribution density function

均值 $\mu = \dfrac{a}{a+b}$,标准差 $\sigma = \dfrac{ab}{(a+b)^2(a+b+1)}$。

β 分布通常用来为取值于某有限区间$[c,d]$的随机现象建立模型。如果令 c 为原点,而 $d-c$ 为度量单位,那么可将取值转化为

$[0,1]$。当 $a=b$ 时，β 分布的密度函数关于 $x=1/2$ 对称，随着公共值 a 的增大，取值于 0.5 附近的权重会越来越大。当 $a<b$ 时，密度函数向左偏斜（即取小值的可能性更大），反之右偏斜。可以证明

$$B(a,b) = \frac{\Gamma(\alpha)\Gamma(b)}{\Gamma(\alpha+b)} \tag{4.46}$$

对 beta 分布进行变换，令

$$z = 2 \times \max(z) \times (x-0.5) \tag{4.47}$$

其中 $\max(z)$ 为变换后自变量绝对值的最大值，则 beta 的概率密度函数转变为

$$f(z) = \begin{cases} \frac{1}{B(a,b)}\left(\frac{z}{2\times\max(z)}+\frac{1}{2}\right)^{a-1}\left(1-\left(\frac{z}{2\times\max(z)}+\frac{1}{2}\right)\right)^{b-1}, & -\max(z)<z<\max(z) \\ 0, & \text{others} \end{cases} \tag{4.48}$$

其中 $E(X)=0$，

$$B(a,b) = \int_{-\max(z)}^{\max(z)} \left(\frac{t}{2\times\max(z)}+\frac{1}{2}\right)^{a-1}\left(1-\left(\frac{t}{2\times\max(z)}+\frac{1}{2}\right)\right)^{b-1} dt \tag{4.49}$$

图 4.1 列示了 $a=b$，$\max(z)=3$ 且 a 分别等于 1、2、3、5、10 时 beta 分布的大致图形。

4.3 实证分析

4.3.1 跨期分布一致性 KS 检验情况

表 4.1 是跨期分布一致性检验表，展示本书在沪深港 3 个市场分别运用 Kolmogorov-Smirnov Test 两样本累积分布函数一致性检验，Wilcoxon Ranksum Test 秩和检验两种方法，对上海 210 个、深圳 528 个和香港 325 个股票对构成的价差随机变量在 12 个交易周期里跨期分布一致性进行检验的结果，备选期间共 3 个，包括 ff 形成期、tt

交易期、ft 形成期 + 交易期。

表 4.1 跨期分布一致性检验表

Table 4.1 Intertemporal distribution consistency test

股票池	方法	期间	1	2	3	4	5	6	7	8	9	10	11	12
SSE50	Kolmogorov-Smirnov Test	ft – ff	107	93	148	148	104	85	63	84	89	125	103	79
		ft – tt	121	104	158	128	108	78	82	108	107	115	123	94
		ff – tt	109	114	136	140	108	79	89	97	98	98	114	71
		Avg.	112	104	147	139	107	81	78	96	98	113	113	81
SSE50	Welcoxon Ranksum Test	ft – ff	5	1	34	19	12	6	3	1		6	2	
		ft – tt	2	5	1	2	3	1	–	2	1	–	5	4
		ff – tt	–	5	1	5	2	1	2	3	–	1	5	–
		Avg.	2	4	12	9	6	3	2	2	0	2	5	2
SCI40	Kolmogorov-Smirnov Test	ft – ff	322	299	299	329	304	312	271	304	195	233	248	282
		ft – tt	294	312	339	318	311	293	258	286	215	282	305	230
		ff – tt	255	285	288	304	299	291	263	264	199	264	262	221
		Avg.	290	299	309	317	305	299	264	285	203	260	272	244
SCI40	Welcoxon Ranksum Test	ft – ff	19	16	59	28	21	13	21	38	3	15	27	51
		ft – tt	6	7	6	1	4	7	8	30	3	13	8	16
		ff – tt	3	12	4	27	6	7	9	24	3	15	20	10
		Avg.	9	12	22	19	10	9	13	31	3	14	18	26
HSI45	Kolmogorov-Smirnov Test	ft – ff	157	202	214	216	199	204	183	145	125	127	113	130
		ft – tt	159	195	195	211	200	174	123	154	113	161	177	164
		ff – tt	112	164	141	198	185	171	147	120	126	109	157	127
		Avg.	143	187	183	208	195	183	151	140	121	132	149	140
HSI45	Welcoxon Ranksum Test	ft – ff	10	27	14	19	11	15	6	10	2	2	1	22
		ft – tt	3	1	6	1	6	2	2	3	1	1	8	3
		ff – tt	4	10	4	–	13	7		2		1	5	3
		Avg.	6	13	8	7	10	8	3	5	1	1	5	9

63

注：①SSE50：上证50指数(50 stocks)，SCI40：深圳成分指数(40 stocks)，HSI45：恒生指数(45 stocks)
②Kolmogorov-Smirnov Test 两样本累积分布函数一致性检验，Welcoxon Ranksum Test 秩和检验
③期间：ft 指形成期和交易期，ff 指形成期，tt 指交易期。ff - tt 指形成期与交易期检验
④Sample Size 样本量，proportion 比例
⑤H_0：两个分布一致，显著性水平为 5%

续表 4.1
Table 4.1(**Continued**)

股票池	方法	期间	平均	累计	样本总量	比例
SSE50	Kolmogorov-Smirnov Test	ft - ff	102.3	1 228	2 520	48.7%
		ft - tt	110.5	1 326	2 520	52.6%
		ff - tt	104.4	1 253	2 520	49.7%
		Avg.	105.8	1 269	2 520	50.4%
	Welcoxon Ranksum Test	ft - ff	7.4	89	2 520	3.5%
		ft - tt	2.2	26	2 520	1.0%
		ff - tt	2.1	25	2 520	1.0%
		Avg.	3.9	47	2 520	1.9%
SCI40	Kolmogorov-Smirnov Test	ft - ff	283.2	3 398	6 336	53.6%
		ft - tt	286.9	3 443	6 336	54.3%
		ff - tt	266.3	3 195	6 336	50.4%
		Avg.	278.8	3 345	6 336	52.8%
	Welcoxon Ranksum Test	ft - ff	25.9	311	6 336	4.9%
		ft - tt	9.1	109	6 336	1.7%
		ff - tt	11.5	138	6 336	2.2%
		Avg.	15.5	186	6 336	2.9%
HSI45	Kolmogorov-Smirnov Test	ft - ff	167.9	2 015	3 900	51.7%
		ft - tt	168.8	2 026	3 900	51.9%
		ff - tt	146.4	1 757	3 900	45.1%
		Avg.	161.1	1 933	3 900	49.6%

第4章 配对交易统计基础及沪深港实证检验

续表 4.1
Table 4.1（Continued）

股票池	方法	期间	平均	累计	样本总量	比例
HSI45	Welcoxon Ranksum Test	ft – ff	11.6	139	3 900	3.6%
		ft – tt	3.1	37	3 900	0.9%
		ff – tt	4.1	49	3 900	1.3%
		Avg.	6.3	75	3 900	1.9%

注：①SSE50：上证 50 指数(50 stocks)，SCI40：深圳成分指数(40 stocks)，HSI45：恒生指数(45 stocks)

②Kolmogorov-Smirnov Test 两样本累积分布函数一致性检验，Welcoxon Ranksum Test 秩和检验

③期间：ft 指形成期和交易期，ff 指形成期，tt 指交易期。ff – tt 指形成期与交易期检验

④Sample Size 样本量，proportion 比例

⑤H_0：两个分布一致，显著性水平为5%

跨期一致性检验结果表明，针对累积分布函数的 KS 检验比针对秩和的 Wilcoxon Ranksum 检验更加敏感，下文的跨期检验均以此 KS 检验为标准。3 个备选期间在 12 个交易周期里来源分布一致性在 3 个市场都比较稳定，在沪深港 3 个不同证券市场的过去 7 年里，有约一半的比例，价差随机变量在交易期与形成期来源于同一个分布，即形成期所服从的分布交易期也服从，如果交易前先对交易期分布与形成期分布进行跨期一致性检验，结果来源分布一致时，即可用形成期分布信息来预测交易期分布，进行有计划地开展各项交易活动。

更进一步，若 KS 跨期一致性检验在 95% 置信度下准确，正如我们直观感觉的，跨期一致性将随交易期 125 天的缩短而增加，代表着市场对过去信息的不断反映的过程，时间越长，对原有信息反映越充分，新信息的作用也越大，交易期和形成期价差来源的分布越不一样。以形成期 250 天的价差均值和标准差对交易期每天的价差进行标准化的方式，所得到 3 个市场跨期一致性 KS 检验相近的结果表明，3 个市场跨期分布稳定性并没有显著区别，可以采取先检验后预测的方式进行交易。

4.3.2 形成期价差服从分布情况

本书从常见分布中选取了标准正态分布 $N(0,1)$,自由度为 7 的 $t(7)$ 分布,参数为 $(0,1)$ 的拉普拉斯分布 Laplace$(0,1)$,在 $[-1.65,1.65]$ 区间的均匀分布 Uniform$(-1.65,1.65)$,参数为 $(2,2)$ 的 Beta$(2,2)$ 分布等单峰对称分布,参数确定原则为常用原则或模拟一致的形成期个数较多原则。需要指出,本书所指单峰是指数据峰的个数少于两个的情况,所以包括均匀分布。由于形成期服从的分布需要检验才能得出,不同检验方法可能得出不同结论,本书对标准正态分布检验采用了 JB 和 KS 两种检验方法,所以除特别说明外,本书形成期服从的分布为 JB 检验的 $N(0,1)$、KS 检验的 $N(0,1)$ 等 6 种分布。

表 4.2 是形成期价差分布表,展示 3 个市场股票价差在各形成期服从各分布的汇总情况,除标准正态分布 $N(0,1)$ 使用针对偏度和峰度的 Jarque-Bera normality test 和 Kolmogorov-Smirnov normality test 两种正态性检验方法外,其他均使用 KS 检验,置信度为 95%。形成期服从分布检验结果表明,JB 正态性检验方法比 KS 检验敏感,在 3 个市场检验得出的结果均为 KS 检验的一半左右。以 KS 方式检验,服从某个分布的比例在 3 个市场均相对稳定,比值都在 23% ~ 35% 之间,由于几种分布的密度函数有相近之处且检验方式敏感性有限,所以形成期服从以上任一种分布的股票对所占比例只有 49% 左右。

另一方面也表明,有一半多股票对形成期所服从的分布并非以上几种单峰对称分布,其具体的分布需要进一步研究。需要注意的是,表 4.2 汇总的是形成期股票价差在 3 个市场服从的特定分布的情况,除非经过跨期分布一致性检验,否则与交易期所服从的分布没有关系。

表4.2 形成期价差分布表

Table 4.2 Distributions of price spread in formation period

股票池	分布	合计	样本总量	比例
SSE50	$N(0,1)$ JB test	378	2 520	15.0%
	$N(0,1)$ KS test	771	2 520	30.6%
	$t(7)$	854	2 520	33.9%
	Laplace$(0,1)$	595	2 520	23.6%
	Uniform$(-1.65,1.65)$	824	2 520	32.7%
	Beta$(2,2)$	747	2 520	29.6%
	Logic Sum	1 232	2 520	48.9%
SCI40	$N(0,1)$ JB test	888	6 336	14.0%
	$N(0,1)$ KS test	1 839	6 336	29.0%
	$t(7)$	2 054	6 336	32.4%
	Laplace$(0,1)$	1 439	6 336	22.7%
	Uniform$(-1.65,1.65)$	1 963	6 336	31.0%
	Beta$(2,2)$	1 781	6 336	28.1%
	Logic Sum	2 970	6 336	46.9%
HSI45	$N(0,1)$ JB test	590	3 900	15.1%
	$N(0,1)$ KS test	1 302	3 900	33.4%
	$t(7)$	1 397	3 900	35.8%
	Laplace$(0,1)$	1 008	3 900	25.8%
	Uniform$(-1.65,1.65)$	1 303	3 900	33.4%
	Beta$(2,2)$	1 279	3 900	32.8%
	Logic Sum	1 924	3 900	49.3%

注:①SSE50:上证50指数(50 stocks);SCI40:深圳成分指数(40 stocks);HSI45:恒生指数(45 stocks)

②JB test 指 Jarque-Bera 正态性检验,KS test 指 Kolmogorov-Smirnov 正态性检验

③H_0:不服从该分布,显著性水平为5%

④Logic Sum:逻辑求和,即形成期服从任一分布的个数和

4.3.3 交易机会和成功概率切比雪夫不等式估计情况

表4.3是交易机会、成功概率的切比雪夫不等式估计表,展示本书以3种不同方法交易时,在符合条件的交易期中,出现1、1.5、2、2.5、3、4、5、6倍标准差以上的数据点个数、样本总量、比例及切比雪夫不等式参考值的情况。其中交易方法包括:方法1是GGR交易策略直接统计出现的各种标准差倍数情况;方法2先对交易期进行跨期分布一致性检验,分布一致再考察在该交易期里价差出现的标准差倍数情况;方法3是对价差跨期分布一致性检验后再进行表4.2所列的分布和方法检验,服从表4.2所列单峰对称分布再考察在该交易期里价差出现的标准差倍数情况。

表4.3 交易机会、成功概率切比雪夫不等式估计表

Table 4.3 Trading opportunities, probability of Success, Chebycheff inequality estimates

股票池	标准差	方法1	方法2	方法3	样本总量1	样本总量2	样本总量3	比例1	比例2	比例3	参考值
SSE50	1	184 725	90 002	55 099	304 500	158 375	94 750	61%	57%	58%	100%
	1.5	129 511	61 809	39 413	304 500	158 375	94 750	43%	39%	42%	44%
	2	87 657	40 262	26 829	304 500	158 375	94 750	29%	25%	28%	25%
	2.5	58 766	25 678	17 447	304 500	158 375	94 750	19%	16%	18%	16%
	3	39 917	16 195	11 376	304 500	158 375	94 750	13%	10%	12%	11%
	4	18 510	6 211	4 391	304 500	158 375	94 750	6%	4%	5%	6%
	5	9 540	2 524	1 798	304 500	158 375	94 750	3%	2%	2%	4%
	6	5 322	1 021	729	304 500	158 375	94 750	2%	1%	1%	3%

续表 4.3

Table 4.3(Continued)

股票池	标准差	方法1	方法2	方法3	样本总量1	样本总量2	样本总量3	比例1	比例2	比例3
SCI40	1	485 894	236 380	149 916	765 600	392 625	245 500	63%	60%	61%
	1.5	353 975	169 467	109 249	765 600	392 625	245 500	46%	43%	45%
	2	241 063	113 008	74 378	765 600	392 625	245 500	31%	29%	30%
	2.5	159 454	72 975	49 521	765 600	392 625	245 500	21%	19%	20%
	3	105 249	46 701	32 481	765 600	392 625	245 500	14%	12%	13%
	4	45 991	18 671	13 732	765 600	392 625	245 500	6%	5%	6%
	5	22 131	8 370	6 385	765 600	392 625	245 500	3%	2%	3%
	6	10 788	3 902	2 976	765 600	392 625	245 500	1%	1%	1%
HSI45	1	311 138	167 870	105 079	481 000	267 875	168 125	65%	63%	63%
	1.5	231 517	123 941	77 178	481 000	267 875	168 125	48%	46%	46%
	2	161 663	86 457	53 734	481 000	267 875	168 125	34%	32%	32%
	2.5	110 628	58 443	36 830	481 000	267 875	168 125	23%	22%	22%
	3	75 082	39 329	25 684	481 000	267 875	168 125	16%	15%	15%
	4	35 880	17 902	12 745	481 000	267 875	168 125	7%	7%	8%
	5	17 584	8 334	6 141	481 000	267 875	168 125	4%	3%	4%
	6	9 096	4 136	2 977	481 000	267 875	168 125	2%	2%	2%

注:①SSE50:上证50指数(50 stocks);SCI40:深圳成分指数(40 stocks);HSI45:恒生指数(45 stocks)

②方法1不进行任何检验,方法2先跨期分布一致性检验再交易,方法3先跨期分布一致性检验和服从任一单峰对称分布检验再交易

③参考值是运用切比雪夫不等式计算出的数值,$P \leq 1/(k \times std)^2$ 当 $std = 1$

由于对交易期标准化是以形成期 250 天的均值和标准差进行

的,所以若跨期分布来源不一致,则出现超出参考值的情况将会更多,这与方法 1 比其他两种方法更远离参考值的数据结果相一致。另一方面,方法 2 与方法 3 两种方法所得到的比例与参考值相近,考虑到进行标准化所用的参数差异,本书认为,各标准差倍数比例值稍超出参考值的情况可以接受,并可以此作为交易机会和成功概率的一个近似估计数据来源,同时还可以此粗略评估 GGR 等一类触发即建仓的交易策略的合理性。若先对交易期和形成期进行跨期分布一致性检验,然后把 GGR 触发和建仓条件设定在 2 倍标准差位置,止损设在 3 倍标准差位置,则交易机会 $P_{\text{trade}} \leq \frac{1}{2^2} = \frac{1}{4} = 0.25$,出现要止损的概率为 $P_{\text{loss}} \leq \frac{1}{3^2} = \frac{1}{9} = 0.11$,所以成功概率约为 $P_{\text{win}} \approx \frac{0.25 - 0.11}{0.25} = 56\%$,这里需要注意的是:

(1)此处成功的定义是不出现止损的情况,但在实践中还存在一些建仓后既不回复又未达到止损的情况,所以实际的成功率比上式的要小一些。

(2)切比雪夫不等式估计仅给出一个小于一定水平的估计,但具体比参考值小多少,需要结合价差所服从的分布情况,或者整个市场中价差主要的分布形态才能最终确定,当分布的尾部很薄时,成功概率将会很高,这是我们所希望的,相反时则需要特别注意。

(3)当通过某些方式测定了价差在交易期里服从的分布形态时,交易策略的估计将会更加准确。

普遍认为,中国香港等先进发达资本主义证券市场比中国内地等发展中国家后发展的证券市场更加有效,有效市场主要在信息反映机制上更加有效,即市场能更快地反映出股票之间价差的出现和大小,同时有效市场还在手段上更加有效,即市场存在更多更有力的价差修复手段,包括卖空机制和孖展(Margin),存在更多市场套利机构和个人包括对冲基金,这样,有效市场会更快地修复价差,导致价差出现极端值的情况较小,有效市场价差分布的尾部更薄,成功的概率更高,在这样的市场中进行配对交易会更好。

但从各方差水平分布情况看,上海、深圳、香港的方差差异情况各有不同。经过比较,在各种标准差水平下,3种交易方法所出现的标准差数据点所占比例中,上海最小,深圳次之,香港最大,如方法2在表4.3所列的8种标准差水平中,上海和香港的比例分别为

(56.83%,39.03%,25.42%,16.21%,10.23%,3.92%,1.59%,0.64%)

(62.67%,46.27%,32.28%,21.82%,14.68%,6.68%,3.11%,1.54%)

上海的比例均比香港小,其他交易方法比较结果也大致一样。结果显示出,发展历史较长且成熟度较高的香港市场,尾部更厚,出现极端异常的情况更多,成功率更低,市场并不一定更加有效,而且从进行配对交易或其他套利和对冲交易的角度看,香港并不一定更加理想和安全。这和普遍的认识产生了重大的差异,其中的原因有待进一步研究。

4.3.4 不同情况下收益率变化情况

记 ARR = {the annual rate of return(年收益率)}

KSIDCT = {Kolmogorov-Smirnov intertemporal distribution consistency test(KS 跨期分布一致性检验)}

D_1 = {the distribution in formation period follows $N(0,1)$ by JB test (形成期服从 JB 检验的标准正态分布)}

D_2 = {$N(0,1)$ KS test (形成期服从 KS 检验的标准正态分布)}

D_3 = {$t(7)$ KS test (形成期服从 KS 检验的 $t(7)$ 分布)}

D_4 = {Laplace(0,1) KS test (形成期服从 KS 检验的 Laplace(0,1)分布)}

D_5 = {Uniform(-1.65,1.65) KS test (形成期服从 KS 检验的

Uniform$(-1.65, 1.65)$分布)}

$D_6 = \{$Beta$(2,2)$ KS test(形成期服从 KS 检验的 Beta$(2,2)$分布)}

$D = \bigcup_{i=1}^{6} D_i = \{$(形成期服从以上任一分布)}

下文构建了4种交易方法用于考察以下4个收益的条件概率情况:

(1) $P(ARR)$;

(2) $P(ARR|KSIDCT)$;

(3) $P(ARR|KSIDCT \cap D)$;

(4) $P(ARR|KSIDCT \cap D_i)$。

表4-4列示前3个,表4-5列示第4个的6种情况。其中方法1直接采用 FTBD 交易策略进行交易,对应获得 $P(ARR)$ 情况结果。方法2先对交易期和形成期进行跨期分布一致性检验,若一致则再进行交易,对应获得 $P(ARR|KSIDCT)$ 情况结果。方法3进行跨期分布一致检验而且进行上文所列的对称分布检验,符合任一种分布再进行交易,对应获得 $P(ARR|KSIDCT \cap D)$ 情况结果。方法4是在方法3的基础上分别汇总各种分布的交易结果,对应获得 $P(ARR|KSIDCT \cap D_i)$ 的6种情况结果。

1. 形成期交易期分布一致时的收益情况

对形成期和交易期分布一致性进行检验,会使交易时利用形成期信息来预测交易期分布情况更有把握,更有理论基础,但这与是否一定会提高交易收益是不同的两个问题。

从表4.4中3个市场的方法1与方法2的两列数据看,跨期分布一致性检验后的交易机会均为总机会的一半左右,按跨期分布一致且在一个交易期里发生交易为一次计算,上海、香港市场均有较大改进,而深圳却反而减少了。这也验证了跨期分布一致并不一定改进交易结果的判断。但是,跨期分布一致性检验会使得交易收益建立在合理的数量基础上,而跨期分布不一致的交易收益来源的理由需要进一步研究。

表4.4 3种方法交易结果表
Table 4.4 Trading results of the three methods

股票池	收益/次数	方法1	方法2	方法3
SSE50	累计收益	73.80	57.64	26.16
SSE50	有交易的交易期个数	1,716	857	548
SSE50	按交易期平均收益	4.30%	6.73%	4.77%
SCI40	累计收益	407.35	74.34	37.25
SCI40	有交易的交易期个数	4 662	2 328	1 518
SCI40	按交易期平均收益	8.74%	3.19%	2.45%
HSI45	累计收益	-40.12	0.71	24.18
HSI45	有交易的交易期个数	2 938	1 596	1 032
HSI45	按交易期平均收益	-1.37%	0.04%	2.34%

注：①SSE50：上证50指数(50 stocks)；SCI40：深圳成分指数(40 stocks)；HSI45：恒生指数(45 stocks)
②方法1不进行任何检验，方法2先跨期分布一致性检验再交易，方法3先跨期分布一致性检验和服从任一单峰对称分布检验再交易

2. 分布一致且服从一种对称分布的收益情况

在跨期分布一致的交易中，形成期价差有的服从单峰分布，此处单峰指数据峰的个数少于两个的分布，有的服从双峰甚至多峰分布，有的服从对称分布，有的服从非对称分布，价差在形成期中所服从的分布形态就有很多情况。方法3从单峰对称分布中选择了6种分布，以作为形成期服从单峰对称分布的一个近似。从表4-4方法3列的数据情况看，在3个不同的证券市场中，跨期分布一致的交易里，以上6种单峰对称分布的交易机会所占(方法2交易机会)比例都稳定地在65%左右，反映了单峰对称分布在不同的证券市场配对交易占主导的市场位置，这和普遍对价差分布的认识比较一致。

但单峰对称分布是否一定比其他分布形态能带来更多的收益，这又是另一个问题，通常认为，规范的分布形态，如对称、单峰等，将有利于建立标准的交易策略以提高交易收益，但实证的交易结果显

示,香港的单峰对称分布带来了大部分的累计收益,上海和深圳市场的单峰对称分布并没能带来更多的收益,约65%单峰对称分布只分别带来了约45%和50%的累计收益。所以单峰对称分布并不一定会优于其他分布,即这类分布不一定会改进交易结果。这类分布是目前人们研究最多,相关资料和知识也是最多的分布形态,对这类分布的青睐也是正常的,但未来的研究视角还需要进一步扩大到非规范性的分布形态,以提高对收益来源的解释能力。

3. 分布一致且服从特定分布的收益

表4.5汇总列出了经过跨期分布一致性检验,且形成期服从本书所列6种特定分布(按不同正态分布检验方法也视为不同分布)在沪深港过去7年里按FTBD交易策略交易的累计收益、交易结果及按交易期平均的收益。

表4.5 单峰对称分布在沪深港市场交易结果
Table 4.5 Trading results of the symmetric distributions in SSE50, SCI40 and HSI45

分布	累计收益	有交易的交易期个数	按交易期平均收益
$N(0,1)$ JB test	37.29	953	3.91%
$N(0,1)$ KS test	54.30	2 136	2.54%
$t(7)$	60.86	2 320	2.62%
Laplace$(0,1)$	70.42	1 669	4.22%
Uniform$(-1.65,1.65)$	56.26	2 165	2.60%
Beta$(2,2)$	52.29	2 109	2.48%

注:①本表列示方法4的交易结果,即先跨期分布一致性检验和服从特定分布检验再交易,最后按各分布分别汇总
②JB test 指 Jarque-Bera 正态性检验, KS test 指 Kolmogorov-Smirnov 正态性检验
③H_0:不服从该分布,显著性水平为5%

在方法3跨期分布一致性且服从所列任一单峰对称分布的情况下,本书进一步按分布情况进行分类汇总,试图对服从所列的几种分布的交易结果进一步比较,在所列的单峰对称分布中,找出最优的一种分布形式。需要注意的是,对于特定形成期价差所服从的分布检验结果,由于检验手段 KS 检验存在一定的容错性,同时所列某些单峰对称分布的确在一定程度上有相似之处,而且形成期样本容量仅是有限的 250 个,所以在检验结果中,的确存在价差在相同的形成期里同时服从两个或两个以上所列分布的情况。但这并不从根本上影响本书对所列各种单峰对称分布比较的结果,相反,这在某种程度上是可以接受的。

从对标准正态分布使用 JB 检验和 KS 检验两种检验方法所得到的结果看,在跨期分布一致的前提下,JB 检验所得到的标准正态分布交易机会数量 953 远小于 KS 所得到的 2 136。对于正态分布的检验,JB 检验比 KS 检验更加敏感,所以交易机会会更少。这也表明,用不同的分布检验手段将会得到不同的交易机会,当然收益也会发生改变。总体上,越敏感的检验手段检验结果会更准确,交易机会越少,但交易期平均所得到的收益则要视分布的情况而定。对形成期服从 JB 检验的标准正态分布的价差进行交易所带来的交易期平均收益 3.91% 比 KS 检验的 2.54% 更高。

总体上,对服从 KS 检验所得到的 $N(0,1)$、$t(7)$、Uniform $(-1.65,1.65)$、$Beta(2,2)$ 4 种分布交易所得到的交易机会数量、累计收益相差较少,按交易期平均的收益率也在 2.5% 左右,反映了这几种分布相似性较强,另外 KS 检验的敏感性存在一定限度。

而对形成期服从拉普拉斯分布 $Laplace(0,1)$ 的股票对进行交易,得到的交易机会少于以上的 4 种分布,但累计收益更多,最终按交易期平均的收益率为 4.22%,远高于用 KS 检验所得到的其他 4 种分布。所以拉普拉斯分布 $Laplace(0,1)$ 是所列的 6 种分布中的最优形态,用 JB 检验所得的标准正态分布次之。

4. 对几种交易方式交易机会和收益情况讨论

表 4.6 汇总列出了 3 个市场交易机会比例大致情况。从交易机

会的大致估计情况看,3个市场的情况非常相似,在全部交易期中,发生交易的比例为73%,在全部有交易的交易期里,跨期分布一致的约为50%,跨期分布一致且服从本书所列6种分布之一的形成期比例65%。根据概率中的马尔可夫(Markov)性,在一个市场中要对重要指数股票构成的股票对运用FTBD交易策略进行套利或配对交易,跨期检验一致的交易机会大约为73%×50%=36.5%,仅对跨期一致且形成期服从以上6种单峰对称分布交易的机会大约为73%×50%×65%=23.7%。这些比例和计算方法结合各国市场融资融券的政策,将会大大简化进行套利、对冲交易、配对交易资金配置计算,提高资金使用效率,也为合理评估市场风险提供了一些参考标准。

表4.6 3个市场交易机会比例大致比例表

Table 4.6 Rough proportion of trading opportunity in three markets

股票池	交易期总数	有交易的交易期个数	比例1	有交易且跨期分布一致交易期个数	比例2	有交易且跨期分布一致且服从任一单峰对称分布交易期个数	比例3
SSE50	2 520	1 716	68.1%	857	49.9%	548	63.9%
SCI40	6 336	4 662	73.6%	2 328	49.9%	1 518	65.2%
HSI45	3 900	2 938	75.3%	1 596	54.3%	1 032	64.7%

注:比例1 = 有交易的交易期个数/交易期总数

比例2 = 有交易且跨期分布一致的交易期个数/有交易的交易期个数

比例3 = 有交易且跨期分布一致且服从任一单峰对称分布交易期个数/有交易的交易期个数

从交易的平均收益看,上海市场总体上最适合进行配对交易,3种方法所获得的收益都比较理想,而深圳市场次之,香港市场最不适合。这从另一个角度进一步证明了套利、对冲和配对交易所需要的市场环境及发展空间。方法2和方法3是将收益来源进行不同程度的划分,弄清收益来源的理由,但深圳市场的结果表明,在本书研究的内容框架内,通过以上检验寻找到的收益来源只是一部分,而且还有相当大的部分存在于未知的领域中,需要未来进一步研究。同时,寻找出的统计基础与是否会有效提高交易收益是两个不完全相关概念,弄清的部分会使交易方案更准确可靠,但收益来源的另一部分仍然存在于未知部分,需要通过调整和改进策略等方式进一步探索。

4.3.5 研究方法及实证结果讨论

针对目前配对交易研究以实证为主,相关的数学理论基础研究不足的情况,上文从价差随机变量概率分布角度入手,以沪深港3个市场重要指数股票进行配对交易研究。根据切比雪夫不等式、柯尔莫哥洛夫 Kolmogorov 强大数定律、博雷耳 Borel 强大数定律、泊松(Poisson)弱大数定律,运用柯尔莫哥洛夫-斯米尔诺夫(Kolmogorov-Smirnov)分布一致性检验、Wilcoxon 秩和检验,对3个市场股票价差在形成期、交易期、形成期加上交易期3个期限价差来源分布的一致性进行检验,运用 JB 正态性检验和 KS 分布检验,对形成期价差服从 JB 标准正态分布 $N(0,1)$、KS 标准正态分布 $N(0,1)$、$t(7)$ 分布、拉普拉斯分布 Laplace$(0,1)$、均匀分布 Uniform$(-1.65,1.65)$、贝塔分布 Beta$(2,2)$ 等6种常见的单峰对称分布进行了检验,构建了直接进行 FTBD 交易的方法1,先 KS 跨期分布一致性检验后交易的方法2,先 KS 跨期分布一致性检验和服从所列任一单峰对称分布检验后交易的方法3,先 KS 跨期分布一致性检验和服从所列特定单峰对称分布检验后交易的方法4,然后就各种方法进行交易,汇总了交易次数和收益发现:

(1) KS 跨期分布一致性检验比 Wilcoxon 秩和检验更好,JB 正态性检验比 KS 正态分布检验敏感。

(2) 在各种标准差水平下,3种交易方法所出现的标准差数据点所占比例中,上海最小,深圳次之,香港最大,如方法2在表4-3所列的8种标准差水平中,上海的比例分别为(56.83%,39.03%,25.42%,16.21%,10.23%,3.92%,1.59%,0.64%),而香港的比例为(62.67%,46.27%,32.28%,21.82%,14.68%,6.68%,3.11%,

1.54%），上海的比例均比香港的小，其他交易方法比较结果也大致一样。

（3）套利、对冲和配对交易的交易机会和成功概率可以用切比雪夫不等式进行粗略估计，普遍认为更有效的香港市场价差出现极端异常的情况反而更多，整个市场价差总体分布的尾部更厚，相对上海和深圳，更不宜进行交易。

（4）从交易机会看，3个市场的情况都比较相近，在全部交易期中，发生交易的比例为73%，在全部有交易的交易期里，跨期分布一致的约为50%，跨期分布一致的价差中服从本书所列6种分布之一的形成期比例为65%。

（5）从收益率来看，随着方法1向方法3的转移，香港市场的收益率不断提高，但深圳的情况正好相反，上海市场方法2的交易结果最好。

（6）在6种单峰对称分布中，服从拉普拉斯分布和JB检验出的标准正态分布的收益按交易期平均的收益率最高，分别为4.22%和3.91%。以上研究方法将会成为配对交易研究的重要基础，对交易情况估计的结果将是配对交易实务开展的重要参数，各市场交易结果的显著差异也指导了配对交易实务对市场选择的重要工作。

本 章 小 结

为理清配对交易统计基础，划分收益来源，本章运用KS、Wilcoxon和JB检验，在沪深港股票市场对价差进行跨期分布一致性检验，单峰对称分布和特定分布检验，构建了4种交易方法并对结果进行比较，结果表明：

（1）部分形成期与交易期来源于同一个分布，可以用通过跨期分布一致检验的形成期分布情况预测交易期分布情况。

（2）配对交易的交易机会和成功概率可以用切比雪夫不等式进行粗略估计，普遍认为更有效的香港市场价差出现极端异常的情况相反更多，整个市场价差总体分布的尾部更厚，相对上海和深圳，更不宜进行交易。

（3）跨期分布一致检验和服从单峰对称分布检验有助于理清收益来源的理由，但并不意味对收益产生必然提高。

（4）从成功概率及平均收益率角度看，香港市场没有上海市场和深圳市场适合进行套利、对冲和配对交易。

本章主要有以下不足：

（1）在跨市场研究中，市场的样本只有沪深港3个，需要进一步增加。

（2）各市场的情况均以市场重要指数中样本股票构成的股票对代表，需要解决一定理论问题后适当扩大，才能更好地代表该国、证券交易所市场。

（3）不少结果是跨市场、多期限累计的结果，市场间差异和交易期之间的差异未能充分讨论。

（4）未解释的收益仍然很多，对非单峰非对称分布研究不足。

第 5 章　配对交易与纯统计配对交易

配对交易虽然有一定的历史,但纯统计配对交易概念刚刚提出,具体的定义和特征仍不清晰,这对于纯统计配对交易目标的实现方法及相关研究十分不利。本章提出,纯统计配对交易是主要使用统计方法进行股票配对和股票对选择的配对交易,是配对交易新生的一种方式,纯统计配对交易以方式灵活,不用收集辅助信息,不用受行业、市值等辅助信息影响为优势,突出了股票价格为主要的分析对象,使研究的基础变得相对简化和直接。而行业配对是配对交易历史最长、使用最广的配对交易方式,将二者进行比较,对有效定义和深入分析纯统计配对交易有相当重要的作用。行业划分有不同标准和层级,本章将行业划分大致分成两级,一级是门类级,另一级是在门类级下再按主营业务细分一级。

为深入研究两级行业配对交易的区别,本章以上证 50 指数股票 2004 年到 2010 年共 7 年数据为基础,执行 GGR 交易策略,对样本股票进行纯统计、一级和二级行业配对,发现一级行业配对并没有明显的优越性,二级行业配对才能使交易结果有明显提高,但二级行业配对存在人为排除优良股票对的可能性。在既定的 GGR 交易策略下,股票对选取标准对交易结果是有影响的,但最高相关系数、最小方差、最小 SSD 3 个股票对选取标准的等效性较高,选出的股票对多为二级行业配对的股票对,其中银行业股票对在这 3 个选取标准中表现最为突出。所以行业配对、市值配对等基本面配对方法所得到的股票对,最终会在价差统计特征上表现出独特的性质,通过纯统计配对能迅速而有效地选出基本面配对方法的股票对。另外,通过纯统计配对方法寻找最优股票对和改进交易策略将是未来研究的重点。

5.1 纯统计配对交易

配对交易主要的假设基础是股票历史价格与未来价格有关系，研究历史价格将可能揭示出未来价格走势，而且趋势比较一致的股票出现价差只是暂时的。配对交易的主要工作是选取股票对、制定交易策略并将两项工作结合起来认真实施。选取股票对即选出长期趋势比较一致的股票构成股票对，其中"长期"是历史价格期间，"比较"是股票对的排序，"一致"是判别标准。交易策略是何时盯住什么样的股票对，何时建仓、平仓和止损。选股和交易都是手段，实现一定的交易目标才是目的。在股票配对方式上，很多学者选择从基本面中的行业归属进行配对的方式，但对行业层次尚未进行深入研究，Wang(2009)等人提出了纯统计配对交易(pure statistical pair trading)的概念，通过统计方法研究无限制规则的股票配对(unrestricted pairs)。在交易策略上，目前执行最多的是 GGR(Evan Gatev, William N. Goetzmann, K. Geert Rouwenhorst)交易策略，即形成期一年，交易期半年，2 倍价差标准差触发，触发当天建仓，回复当天平仓，3 倍价差标准差止损的交易策略。

本章以纯统计全配对为基础，进一步把行业配对分为一级行业(按证监会门类级行业分类)配对和二级行业配对，执行 GGR 交易策略，以纯统计、一级行业和二级行业 3 种配对方法，价差均值、标准差等 8 个统计指标，年收益率等 3 个交易目标为标准，立体地展开实证研究。

5.2 行业分类

按证监会门类级行业分类，上证 50 指数股票共分为七大类，由于很多行业的内部的差异仍然很大，如制造业中的电气制造、汽车制造、铜制造、酒制造，所以有必要改进和完善。在此基础上，本章进一步将行业分类细化,根据 21 个数据齐全的股票实际情况,在门类级行业内部进一步划分出银行业、钢铁制造业、石油采掘业、电信服务业、批发零售业、房地产开发业等细分行业,并以此做另外的标准再构建二级同行业股票对。证券名称及代码、一级和二级行业分类见表 5.1。

表 5.1 两级行业配对样本股及行业分类明细表

Table 5.1 Sample stocks and the industry sector classification table of pairs trading in two classification levels

序号	证券代码	证券简称	一级行业代码	一级行业名称	二级行业名称
1	600000.SH	浦发银行	I	金融、保险业	银行业
2	600005.SH	武钢股份	C	制造业	钢铁制造业
3	600015.SH	华夏银行	I	金融、保险业	银行业
4	600016.SH	民生银行	I	金融、保险业	银行业
5	600019.SH	宝钢股份	C	制造业	钢铁制造业
6	600028.SH	中国石化	B	采掘业	石油采掘业
7	600030.SH	中信证券	I	金融、保险业	证券业
8	600036.SH	招商银行	I	金融、保险业	银行业
9	600050.SH	中国联通	G	信息技术业	电信服务业
10	600089.SH	特变电工	C	制造业	电力设施制造业
11	600104.SH	上海汽车	C	制造业	汽车制造业
12	600362.SH	江西铜业	C	制造业	有色金属制造业
13	600383.SH	金地集团	J	房地产业	房地产开发业
14	600489.SH	中金黄金	B	采掘业	贵金属采掘业
15	600519.SH	贵州茅台	C	制造业	酒类制造业
16	600547.SH	山东黄金	B	采掘业	贵金属采掘业
17	600550.SH	天威保变	C	制造业	电力部件制造业

续表 5.1
Table 5.1 (Continued)

序号	证券代码	证券简称	一级行业代码	一级行业名称	二级行业名称
18	600739.SH	辽宁成大	H	批发和零售贸易	批发零售业
19	600795.SH	国电电力	D	电力、煤气及水的生产和供应业	电力生产业
20	600837.SH	海通证券	I	金融、保险业	证券业
21	600900.SH	长江电力	D	电力、煤气及水的生产和供应业	电力生产业

注：一级行业分类按照证监会门类级行业分类，二级行业分类是在一级分类基础下给定的

5.3 实证结果与分析

本章实证的思路是，先就一级行业配对与纯统计配对进行比较，再将二级行业配对与纯统计配对进行比较，再对3种方法交易结果进行一致性比较。

5.3.1 一级行业配对与纯统计配对

由于年收益率等于2倍半年收益率，交易日收益率等于总收益除以持仓时间，夏普系数等于半年收益率除以该半年收益的标准差，各个交易目标结果数据相关性较高，故下面仅列年收益率图供参考。

从图5.1和各表一级行业配对与纯统计配对数据可以看出，一级行业配对价差均值的均值为负，且一级行业配对的股票对价差均值与纯统计配对的显著不同($p=0.018$)，反映在同一个一级行业内股票，股票排序与涨跌顺序或幅度有关的情况可能存在。一级行业配对协方差均值较大，且与纯统计配对的显著不同($p=0.030$)。其

他价差统计特征差别还不显著,年收益率等3个交易目标与纯统计配对并无明显区别,可能原因是一级行业分类也属于大类划分,企业间行业差别和系统性风险仍然很大,尤其在制造业,如特变电工与贵州茅台,上海汽车与天威保变,通过一级行业内配对来对冲市场风险的目的仍难以实现。

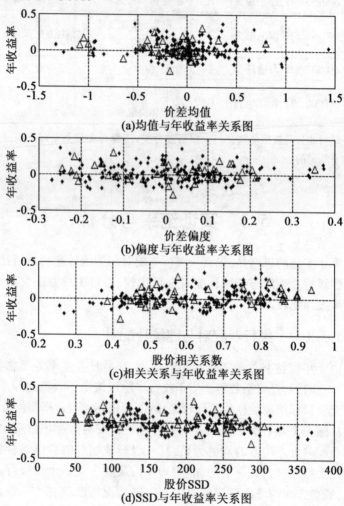

(a)均值与年收益率关系图

(b)偏度与年收益率关系图

(c)相关关系与年收益率关系图

(d)SSD与年收益率关系图

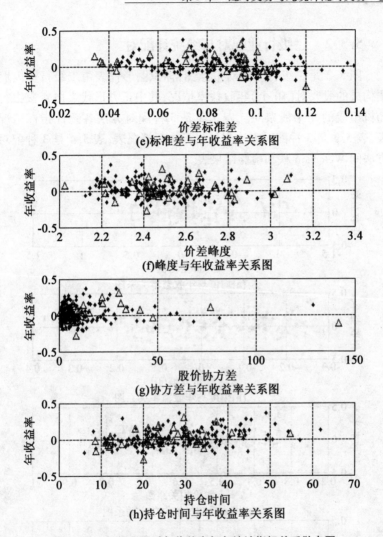

图 5.1 一级行业配对年收益率与各统计指标关系散点图

Fig. 5.1 Relationship scatter between annual rate of return and the statistical indicators in the pairs trading in industry classification level one

注:图中"△"代表一级行业配对股票对(共40个),其他"◆"表示非行业配对股票对

5.3.2 二级行业配对与纯统计配对

图 5.2 是二级行业配对散点图,标识图形代表由二级行业内股票构成的股票对(10 个)年收益率情况,其中正方形代表由 4 家银行随机组成的 6 个股票对。表 5.2 是 3 种配对方法各统计指标情况表,表 5.3 是 3 种配对方法交易目标执行情况表,表 5.4 是 3 种配对方法间 Welcoxon 秩和检验结果表。

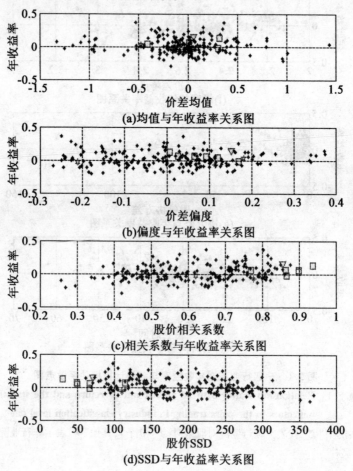

(a)均值与年收益率关系图

(b)偏度与年收益率关系图

(c)相关系数与年收益率关系图

(d)SSD与年收益率关系图

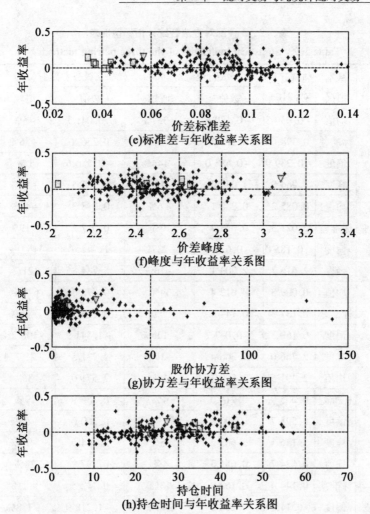

图 5.2 二级行业配对年收益率与各统计指标关系散点图

Fig. 5.2 Relationship scatter between annual rate of return and the statistical indicators in the pairs trading in industry classification level two

注:图中标识图形代表由二级行业内股票构成的股票对(10 个),其中"□"代表银行业股票对(共 6 个),其他"·"表示非二级行业配对股票对

表 5.2　3 种配对方法各统计指标情况表

Table 5.2　Statistical indicators of the three pairing methods

指标	基本情况	纯统计配对(210)	一级行业配对(40)		二级行业配对(10)	
			数值	增幅	数值	增幅
均值	均值	-0.039 5	-0.180 6	-357%	-0.041 7	-5%
	标准差	0.398 6	0.379 7	-5%	0.256 8	-36%
	偏度	-0.239 9	-0.585 0	-144%	-0.236 6	1%
	峰度	4.964 8	4.086 2	-18%	2.381 3	-52%
标准差	均值	0.085 2	0.080 1	-6%	0.048 3	-43%
	标准差	0.021 3	0.023 4	10%	0.017 2	-19%
	偏度	-0.185 0	-0.624 1	-237%	1.942 6	115 0%
	峰度	2.616 7	2.203 1	-16%	5.784 8	121%
偏度	均值	0.009 3	0.012 4	34%	0.072 3	678%
	标准差	0.137 3	0.144 5	5%	0.115 1	-16%
	偏度	0.160 3	-0.037 2	-123%	-1.541 9	-106 2%
	峰度	2.766 0	2.306 4	-17%	4.731 5	71%
峰度	均值	2.491 5	2.520 3	1%	2.571 0	3%
	标准差	0.205 9	0.214 0	4%	0.306 9	49%
	偏度	0.593 7	0.600 8	1%	0.200 0	-66%
	峰度	3.176 1	3.663 2	15%	2.764 9	-13%
相关系数	均值	0.624 7	0.651 3	4%	0.797 9	28%
	标准差	0.144 4	0.162 9	13%	0.142 5	-1%
	偏度	-0.145 4	0.206 2	242%	-1.218 9	-738%
	峰度	2.184 4	1.638 3	-25%	3.315 7	52%
协方差	均值	12.028 4	16.463 7	37%	6.830 6	-43%
	标准差	18.380 5	25.349 2	38%	6.237 0	-66%
	偏度	3.949 8	3.538 4	-10%	1.554 5	-61%
	峰度	23.071 1	16.804 3	-27%	4.716 5	-80%

续表 5.2
Table 5.2 (Continued)

指标	基本情况	纯统计配对(210)	一级行业配对(40)		二级行业配对(10)	
			数值	增幅	数值	增幅
SSD	均值	186.880 5	173.634 2	-7%	100.644 6	-46%
	标准差	71.910 9	81.127 3	13%	70.954 1	-1%
	偏度	0.145 4	-0.206 2	-242%	1.218 9	738%
	峰度	2.184 4	1.638 3	-25%	3.315 7	52%
持仓时间	均值	27.699 2	25.343 8	-9%	29.575 0	7%
	标准差	10.730 9	10.140 3	-6%	6.899 7	-36%
	偏度	0.409 8	0.430 1	5%	0.542 6	32%
	峰度	2.885 6	3.253 9	13%	2.373 0	-18%

注:增幅列表示该方法比纯统计配对增加的幅度

表 5.3 3 种配对方法交易目标执行情况表
Table 5.3 Implementation of the trading objectives of the three pairing methods

指标	基本情况	纯统计配对(210)	一级行业配对(40)		二级行业配对(10)	
			数值	增幅	数值	增幅
年收益率	均值	0.016	0.018	7%	0.040	143%
	标准差	0.115	0.114	-1%	0.067	-42%
	偏度	0.454	-0.007	-102%	0.040	-91%
	峰度	3.232	3.425	6%	2.265	-30%
	最好序号	1	4		28	
	中间序号	106	111		80	
	最差序号	210	210		164	

续表 5.3
Table 5.3 (Continued)

指标	基本情况	纯统计配对(210)	一级行业配对(40) 数值	一级行业配对(40) 增幅	二级行业配对(10) 数值	二级行业配对(10) 增幅
交易日收益率	均值	-0.000 07	-0.000 11	-48%	0.000 63	991%
交易日收益率	标准差	0.003	0.003	6%	0.001	-56%
交易日收益率	偏度	-1.013	-1.055	-4%	0.000	100%
交易日收益率	峰度	8.705	4.970	-43%	2.537	-71%
交易日收益率	最好序号	1	5		26	
交易日收益率	中间序号	106	114		81	
交易日收益率	最差序号	210	209		162	
夏普系数	均值	0.322	0.355	10%	0.513	59%
夏普系数	标准差	1.032	1.048	2%	0.946	-8%
夏普系数	偏度	0.536	0.617	15%	-0.009	-102%
夏普系数	峰度	3.159	3.404	8%	2.584	-18%
夏普系数	最好序号	1	2		11	
夏普系数	中间序号	106	115		82	
夏普系数	最差序号	210	209		199	

注:增幅列表示该方法比纯统计配对增加幅度

表 5.4　3 种配对方法间 Wilcoxon 秩和检验结果表
Table 5.4　Wilcoxon ranksum test results between the three pairing methods

指标	方法1与方法2间 p 值	方法1与方法3间 p 值	方法2与方法3间 p 值
均值	0.018**	0.476 7	0.102 9
标准差	0.181 4	0.000 0***	0.000 0***
偏度	0.380 5	0.033 4**	0.044 4**

续表 5.4
Table5.4(Continued)

指标	方法 1 与方法 2 间 p 值	方法 1 与方法 3 间 p 值	方法 2 与方法 3 间 p 值
峰度	0.202 2	0.163 8	0.281 7
相关系数	0.203 5	0.000 3***	0.000 8***
协方差	0.030**	0.263 3	0.022**
SSD	0.203 5	0.000 3***	0.000 8***
持仓时间	0.116 2	0.223 6	0.038 8**
年收益率	0.390 5	0.154 0	0.186 7
交易日收益率	0.425 7	0.146 8	0.170 4
夏普系数	0.437 0	0.214 6	0.186 7

注:① * 表示置信度为 0.1,** 为 0.05,*** 为 0.01
② 方法 1 是纯统计配对,方法 2 是一级行业配对,方法 3 是二级行业配对

从图 5.2 和表 5.2、表 5.3、表 5.4 二级行业配对与纯统计配对数据可以看出,二级行业内股票价格相关系数明显较大,价差标准差、SSD 明显较小,价差偏度多数为正,而且 10 个股票对的数据点比较集中,反映二级行业内的股票对统计特征比较相似。年收益率、交易日收益率、夏普系数的均值有较大提高,但仍未达到显著的水平。另一方面,最好股票对在全部股票对里的排序还进不了前 10 位,表明即使考虑交易成本后,二级行业分类对交易目标是有明显提升作用的,但存在排除最优良股票对的可能。最小方差、最高相关系数、最小 SSD 3 个股票对选取标准的等效性较高,选出的股票对多为二级行业配对形成的股票对,其中银行业股票在这 3 个选取标准中表现最为突出。

5.3.3　3 种配对方法间 Wilcoxon 秩和检验结果

在统计特征上,一级行业配对与纯统计配对两种方法构造的股

票对,除了价差统计特征中的均值和协方差有较显著的区别外,其他方面区别仍未达到显著的水平。二级行业配对与前两种方法相比,价差标准差显著变小、偏度为正且显著较大、相关系数约为 0.8 且显著较大,银行业股票对相关性最高,SSD 显著较小,价差协方差、持仓时间与纯统计配对的差别不显著,与一级行业配对的差别显著。3 种方法的峰度都在 2.5 左右,差别都不显著,表明峰度指标对这些方法的改变可能不太敏感,价差分布绝大多数都比标准正态分布扁平。

在交易目标上,随着行业配对的深入,3 个交易目标的均值都有相当的提高,但提高的程度均未达到显著的水平。二级行业配对 3 个交易目标的方差明显较小,表示二级行业配对对提高收益稳定性确实有作用,但一级行业配对却不能。

本 章 小 结

本章以年收益率、交易日收益率、夏普系数 3 个交易目标作为标准,通过分析纯统计配对、一级行业配对、二级行业配对 3 种方法,发现一级行业配对与纯统计配对没有明显区别,一级行业配对并不能明显改善交易结果。而二级行业配对才能对交易结果有明显提高,但二级行业配对存在人为排除优良股票对的可能性。在既定的 GGR 交易策略下,股票对选取标准对交易结果是有影响的,但最高相关系数、最小方差、最小 SSD 3 个股票对选取标准的等效性较高,选出的股票对多为二级行业配对形成的股票对,其中银行业股票对在这 3 个选取标准中表现最为突出。

本章仅执行了一种交易策略,备选股票只有中国股票,所以本书未来需要考察其他交易策略的影响,尝试使用多国交易数据,扩大备选股票对数量,通过纯统计方法寻找最优股票对和改进交易策略将是未来研究的重点。

第6章 配对交易建仓改进策略及沪深港实证检验

为实现纯统计配对交易目标,需要进行股票对选择和交易两个工作,股票对选择可以从价差统计特征着手,但对于选出的股票对,必须执行相同的交易策略,其交易结果才有可比性。所以研究并确定具体的交易策略已成为纯统计配对交易目标实现过程的必经环节。本章比较并创建建仓改进策略,同时也为交易目标与价差统计特征关系进行模型构建和统计分析奠定基础。

为研究建仓策略对配对交易年收益率的影响,本章构建了"王麦-折回首日"(Wang & Mai-First Turn Back Date,记 WM-FTBD 或 FTBD)策略,结合 GGR 和 Herlemont 策略,在沪深港证券市场交易,运用3种检验方法,从数理和实证上得出,FTBD 策略成功率和年收益率都更高,同时发现深市年收益率呈离散、尖峰和正偏性,3种方法年收益率深圳最大,上海次之,香港最差且三者差异明显。结果表明,有效建仓策略可总体改进收益,但也承担更多风险,价差动量效应和均值回复效应有助于解释价差变化和收益率差异,配对交易在成熟有效市场不一定适合,但在发展中国家将有广阔空间。

为方便讨论,若没有特别说明,下文研究均采用纯统计配对的方式构建股票对,对样本股票进行全配对,再主要运用统计的方法对股票对、交易期间、市场结构、收益分布等情况进行研究,纯统计配对交易简记为配对交易。

6.1 配对交易建仓策略

配对交易主要工作包括选择股票对和确定交易策略，Cao(2009)认为交易策略对投资者市场决策起到十分重要的作用，并对可控交易策略给出了一个系统的观察。交易策略包括触发、建仓和平仓等位置的选择。触发是指价格差异或转换后的价格差异超过原先预定的一个水平，而建仓则是指投资者对股票进行买入或卖出的行为。建仓一般是在触发后才发生的，但触发后可能建仓也可能不建仓，此时要看交易策略中的建仓条件，建仓与否直接决定交易收益能否实现，何时建仓直接决定收益实现多少，所以建仓条件在交易策略中非常重要。

但不少学者都把触发和建仓等同起来，执行触发时建仓的策略，或触发次日建仓(Wait One Day)策略，如 GGR(Evan Gatev, William N. Goetzmann, K. Geert Rouwenhorst)(2006)、Papadakis(2007)、Engelberg(2009)、Binh(2010)、徐光梅(2008)，也有一些学者对建仓条件进行了一些有益的探索，如 Herlemont(2003)、Matthew Dowle(2003)[1]、Triantafyllopoulos(2009)[2]，把建仓条件设定在首次返回超过2倍标准差等位置。

针对建仓条件重要而目前国内外对建仓条件的专门研究相对较少的状况，结合配对交易的实际情况，本书提出"折回首日"(First Turn Back Date,记 WM-FTBD 或 FTBD)建仓策略，即对股票对中两个股票价格取常用对数价格差，用形成期价差的均值与标准差对交

---

[1] Matthew Dowle(2003): An important additional risk control is waiting until after the log ratio has turned and crossed back through two standard deviations, towards the mean, before open a position.

[2] Triantafyllopoulos(2009): There may exist several other alternative ways in which one could define entry points, perhaps based on empirical modeling of the extreme values of the yt-xt process.

易期价差进行标准化,当价差超过 2 倍标准差触发后,逐日盯市(marked-to-market),一旦出现当天收盘价低于昨天,当天收盘时建仓,止损位置设在建仓日收盘价再远离均值 1 倍标准差处,持仓至均值回复或交易期终止时平仓,止损后待均值回复后再盯市建仓,并在纯统计配对(Wang(2009),Pure Statistical Pair Trading)形成股票对的基础上,选取了目前最常用的 GGR 建仓方式(方法 1)、较重要的 Herlemont 方式(方法 2)和本书提出的 FTBD(方法 3)方式作为研究对象。运用 Wilcoxon 秩和检验、Signtest 符号检验、JB 检验等方法,对 3 种建仓策略及其在上海、深圳和香港证券市场交易结果进行多方面检验、比较和分析,揭示建仓方式对交易结果的影响,不同市场配对交易结果的差异等问题。

6.2 理论推导

6.2.1 研究对象及假设

本章建仓策略分为 3 种:一是 GGR 建仓策略,2 倍标准差触发当天建仓,回复到均值当天平仓,3 倍标准差止损。二是 Herlemont 建仓策略,2 倍标准差触发后,首次返回穿过 2 倍标准差当天建仓,3 倍标准差止损。三是 FTBD 折回首日建仓策略,2 倍标准差触发后,出现价差折回首日建仓,建仓位置价差再扩大 1 倍标准差止损。

鉴于目前就价差运动方向对配对交易结果产生影响的相关研究极少,在此暂不对此进行考虑。设交易成功概率仅与价差随机变量所服从的分布情况有关,GGR 与 Herlemont 两种策略均在 2 倍标准差处即时建仓,建仓位置相同,成功概率相等,下文相关讨论仅对 GGR 策略进行论述。FTBD 策略于价差触发后出现折回的首日建仓,当触发次日即折回,此时情况与 Herlemont 策略一致,若价差继续扩大,建仓位置将在大于 2 倍标准差的某个位置。

在此,交易成功主要指以下两种情况,即建仓后在交易期结束前回复到 0 处系统自动平仓,或者交易期结束时未回到 0 处但价差小于建仓位置的到期被动平仓。交易失败也包括两种情况,即止损主动平仓或交易期终止时价差大于建仓位置的到期被动平仓。

价差从建仓点到交易成功主要有 3 种可能:一是从建仓点直接回复,二是价差继续扩大但未达到止损位置后回复,三是价差继续扩大且超过止损位置后回复。当然,价差一旦超过止损位置后再出现的任何情况都将没有意义,此后再出现的回复已被之前的止损排除在外,所以此种情况的回复也是交易失败的。在此,可以简化以上 3 种情况为两种情况,即出现止损后回复和没有出现止损而回复。

6.2.2 证明

假设价差运动方向对配对交易结果不产生影响,下文将证明 FT-BD 策略成功率优于其他两个策略。

记交易成功 Win 为 W,交易失败 Loss 为 L,止损 Stop Loss 为 SL,GGR 交易策略为 G,折回首日 WM-FTBD 交易策略为 WM,价差 Price Spread 为 PS,若价差在一个形成期里独立服从同一连续分布函数,该分布密度为 $f(x)$,则有如下等式:

(1) $f(x) \geqslant 0$。

(2) $\int_{-\infty}^{\infty} f(x)\mathrm{d}x = 1$。

(3) 对于任意实数 $x_1, x_2 (x_1 \leqslant x_2)$,有

$$P\{x_1 \leqslant X \leqslant x_2\} = F(x_2) - F(x_1) = \int_{x_1}^{x_2} f(x)\mathrm{d}x$$

(4) 若 $f(x)$ 在点 x 处连续,则有 $F'(x) = f(x)$。

如配对交易建仓位置的示意图 6.1 所示,当价差大于 0 时,执行 GGR 交易策略,有成功概率

$$\begin{aligned} P_G &= P(W_G \cdot \overline{SL_G}) = P(W_G \cdot (1 - SL_G)) = \\ &\quad P(W_G) \cdot P(1 - SL_G) = \\ &\quad P(W_G) \cdot (1 - P(SL_G)) = \\ &\quad \int_0^2 f(x)\mathrm{d}x \cdot (1 - \int_3^{+\infty} f(x)\mathrm{d}x) \end{aligned} \qquad (6.1)$$

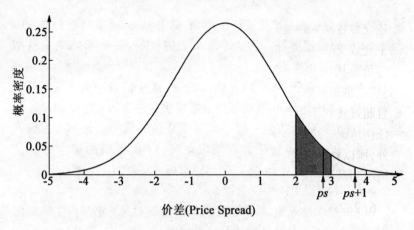

图 6.1 配对交易建仓位置示意图
Fig. 6.1 Schematic diagram of the position opennig place of pairs trading

执行 WM-FTBD 交易策略时,记建仓位置为 ps,则相应止损位置为 $ps+1$,有

$$P_{\text{WM}} = P(W_{\text{WM}} \cdot \overline{SL_{\text{WM}}}) = P(W_{\text{WM}} \cdot (1 - SL_{\text{WM}})) = P(W_{\text{WM}}) \cdot (1 - P(SL_{\text{WM}})) =$$
$$\int_0^{ps} f(x)\,\mathrm{d}x \cdot \left(1 - \int_{ps+1}^{+\infty} f(x)\,\mathrm{d}x\right) \tag{6.2}$$

因 $ps \geq 2, ps+1 \geq 3$,所以

$$\int_0^{ps} f(x)\,\mathrm{d}x \geq \int_0^2 f(x)\,\mathrm{d}x \tag{6.3}$$

$$\int_{ps+1}^{+\infty} f(x)\,\mathrm{d}x \leq \int_3^{+\infty} f(x)\,\mathrm{d}x \tag{6.4}$$

所以 $P_{\text{WM}} \geq P_{\text{G}}$。价差小于 0 时,证明过程相同。证毕。
所以交易策略 WM-FTBD 比 GGR 策略成功率更高。

6.2.3 讨论

以上推导没有考虑价差运动方向,而直觉上,价差运动方向应该会对交易结果产生影响,而且价差向均值方向运动时建仓应当对交易成功率或交易收益产生正向的影响,即 Herlemont 策略建仓位置应当比 GGR 的位置更好。从这个意义上讲,Herlemont 策略的交易结果应当比 GGR 的要好。

但实际上,由于 GGR 触发后才建仓,建仓位置一般大于等于 2 倍标准差,而 Herlemont 策略等到价差首次穿过 2 倍标准差回复才建仓,所以此时的建仓位置一般小于等于 2 倍标准差。若不考虑价差运动方向,仅考虑建仓位置离均值距离,GGR 策略的建仓位置比 Herlemont 的离均值更远一点,交易结果应当更好。

在此,本书提出两个概念:

(1) 价差动量效应,是价差运动方向对配对交易结果产生影响的作用。

(2) 价差均值回复效应,即当价差跨期独立地服从单峰对称分布时,未来价差将向均值靠近的效应,由此对交易结果产生影响的作用。

当执行 FTBD 策略,价差触发 2 倍标准差后次日即折回,此时的 FTBD 策略与 Herlemont 策略等价,价差离均值距离小于 GGR 的一点。除此之外,市场上绝大多数情况下,FTBD 策略的建仓位置均大于 GGR 和 Herlemont 的,而且价差正向均值方向运动。所以从两种效应的角度来看,FTBD 策略交易成功率都应当比其他两种建仓策略的更大。有关 3 种策略运动方向及交易的实证结果详见下文。

6.3 实证分析和讨论

本章实证先对 3 种建仓策略进行简要介绍,分析各市场交易结果的正态性,然后对 3 种策略分别运用两种方法在 3 个市场进行一致性检验,最后汇总并讨论 3 个市场的交易收益及其他结果情况。

6.3.1 交易结果概述

图 6.2 是 3 种策略在 3 个市场交易按股票对汇总的年收益率柱状图,图 6.3 是 SSE50 各股票对 3 种建仓方式年收益散点图,表 6.1 是 3 种建仓策略在 3 个市场中年收益率正态性 JB 检验结果。

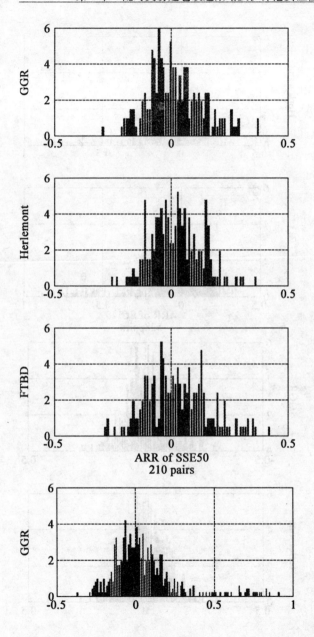

ARR of SSE50
210 pairs

■ 配对交易:最基本的一种对冲套利交易

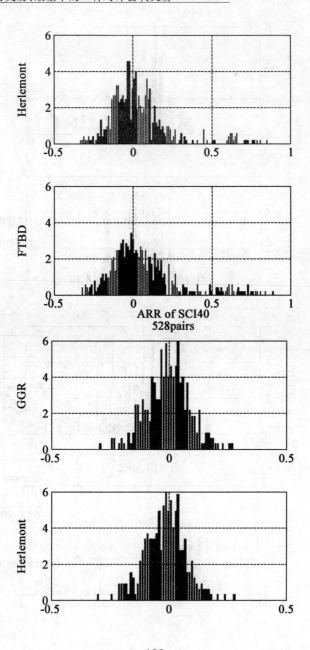

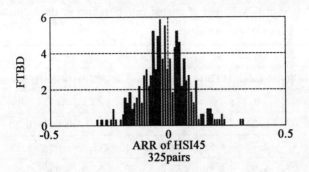

图 6.2 3 种策略在 3 个市场交易按股票对汇总的年收益率柱状图

Fig. 6.2 Histogram of annual rate of return of the stock pairs trading respectively with three strateges in three markets

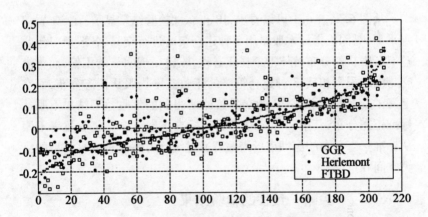

图 6.3 SSE50 各股票对 3 种建仓方式年收益散点图

Fig. 6.3 Scatter of annual rate of return of the stock pairs trading respectively with three strateges in Shanghai stock markets

表 6.1　3 种建仓策略在 3 个市场中年收益率正态性 JB 检验结果
Table 6.1　Normality JB test of annual rate of return of three opening strateges in three markets

统计量/值	SSE50			SCI40			HSI45		
	GGR	Herlemont	FTBD	GGR	Herlemont	FTBD	GGR	Herlemont	FTBD
h	1	0	0	1	1	1	0	0	0
p	0.02	0.26	0.10	—	—	—	0.60	0.20	0.16
JB	7.47	2.72	4.53	617.65	585.16	272.35	1.02	3.25	3.69
cv	5.99	5.99	5.99	5.99	5.99	5.99	5.99	5.99	5.99

注：①SSE50：上证 50 指数(50 stocks)；SCI40：深圳成分指数(40 stocks)；HSI45：恒生指数(45 stocks)

②正态性 JB 检验即 Jarque-Bera 检验

③显著性水平为 5%，$h=1$ 拒绝正态性的原假设，cv 为 JB 检验参考值

从图 6.2、表 6.1 可以看出，JB 正态性检验结果显示，在 5% 置信水平下，对深成指样本股票用 3 种建仓策略进行交易，各股票对年收益率所服从的分布整体上不显正态性，收益呈现明显的正偏，而香港交易的结果则相反，3 种建仓策略的年收益率均服从正态分布，而在上海的交易结果仅 GGR 的交易策略所得到的年收益率结果不服从标准正态分布，其余两种策略均服从标准正态分布。年收益率不服从标准正态分布的深圳市场潜藏着通过统计方法改进交易结果的巨大空间和可能。

6.3.2　策略一致性的检验结果

为考察 3 种方法交易结果是否不同，本书分别运用 Wilcoxon 秩和检验和 Singtest 符号检验方法，对 3 种建仓策略在 3 个市场各自对各股票对交易后形成的股票对年收益率序列进行检验，相互比较得到的 p 值列于表 6.2，其中 Wilcoxon 秩和检验结果在各市场中的下半三角阵，符号检验结果在上半三角阵。

从表 6.2 可以看出,从总体上看,在上海市场用符号检验方法检验,方法 2 与其他方法对年收益率增加额符号有改进的股票对数量的差别并不显著($p_{12}=0.73, p_{23}=0.94$),方法 1 与方法 3 差别相对较大,但仍还未达到显著的水平($p_{13}=0.24$)。Wilcoxon 检验结果大致相同。在深圳市场用符号检验方法检验,3 种方法的相互检验结果均十分显著,而 Wilcoxon 检验仅方法 2 与方法 3 相互达到显著的差异($p_{23}=0.07$)。而在香港市场用符号检验方法检验,3 种方法的检验结果均十分显著,而 Wilcoxon 检验仅方法 1 与方法 2 相互达到显著的差异($p_{12}=0.07$)。

表 6.2 3 种建仓策略年收益率 Wilcoxon 秩和检验、Signtest 符号检验 p 值结果
Table 6.2 p value of Wilcoxon ranksum test and signtest of annual rate of return of the three openning strateges

建仓策略	SSE50			SCI40			HSI45		
	GGR	Herlemont	FTBD	GGR	Herlemont	FTBD	GGR	Herlemont	FTBD
GGR	1.00	0.73	0.24	1.00	0.00	0.00	1.00	0.00	0.00
Herlemont	0.35	1.00	0.94	0.25	1.00	0.00	0.07	1.00	0.08
FTBD	0.29	0.88	1.00	0.47	0.07	1.00	0.28	0.54	1.00

注:①本表列示 GGR、Herlemont、FTBD 3 种建仓策略在 3 个市场中年收益率的 p 值检验结果,其中 Wilcoxon 秩和检验结果在各市场中的下半三角阵,符号检验结果在上半三角阵
②SSE50:上证 50 指数(50 stocks);SCI40:深圳成分指数(40 stocks);HSI45:恒生指数(45 stocks)

总地来说,符号检验对成对数据检验结果更明显,且 3 种方法在上海市场表现出的差异小点,在深圳和香港两个市场表现出的差异更大,这样,方法改进的效果在不同市场也有不同空间。

6.3.3 汇总的年收益率

为考察 3 种方法在 3 个市场交易的收益情况,运用 3 种方法在 3

个市场对各股票对进行交易,其中上海市场 210 个、深圳 528 个、香港 325 个股票对,所得累计收益、平均收益等情况列于表 6.3。

表6.3 3 种建仓策略在 3 个市场年收益率
Table 6.3 Annual rate of return with three openning strateges in three markets

建仓策略	股票池	各策略在各市场累计收益	各策略在3个市场累计收益	样本(交易期)总量	交易期收益率(半年)	年收益率	各策略在3个市场平均年收益率
GGR	SSE50	20.73	170.76	2 520	0.82%	1.65%	2.08%
	SCI40	156.91		6 336	2.48%	4.95%	
	HSI45	−6.88		3 900	−0.18%	−0.35%	
Herlemond	SSE50	29.78	121.69	2 520	1.18%	2.36%	1.56%
	SCI40	122.17		6 336	1.93%	3.86%	
	HSI45	−30.26		3 900	−0.78%	−1.55%	
FTBD	SSE50	36.90	220.51	2 520	1.46%	2.93%	2.78%
	SCI40	203.68		6 336	3.21%	6.43%	
	HSI45	−20.06		3 900	−0.51%	−1.03%	

注:①SSE50:上证 50 指数(50 stocks);SCI40 深圳成分指数(40 stocks);HSI45:恒生指数(45 stocks)。

②本表列示 GGR、Herlemont、FTBD 3 种建仓策略在 3 个市场中年收益率的交易结果

从表 6.3 可见,运用 GGR、Herlemont 和 FTBD 3 种方法在 3 个市场交易,扣除交易成本后,上海和深圳市场收益为正,香港市场为负。其中在上海市场运用 3 种策略交易的年收益率分别为 1.65%, 2.36%,2.93%,在深圳市场运用 3 种策略交易的年收益率分别为 4.95%,3.86%,6.43%,在香港市场运用 3 种策略交易的年收益率分别为 −0.35%, −1.55%, −1.03%,显示出配对交易在更有效的

香港市场中,发展空间最小,相反在国内上海和深圳市场存在广阔的发展空间。

另一方面,3种建仓方式在上海市场交易的年收益率次序为 GGR < Herlemont < FTBD,在深圳市场交易的年收益率次序为 Herlemont < GGR < FTBD,在香港市场交易的年收益率次序为 Herlemont < FTBD < GGR,各策略在3个市场平均年收益率次序为 Herlemont 1.56% < GGR 2.08% < FTBD 2.78%。表示 GGR 和 Herlemont 两种策略在不同市场中各有优势,但从各策略在3个市场年收益率平均情况看,FTBD 策略优于其他两个策略。但同时也应注意,3种策略的优劣是从整个市场交易总体而言的,不同策略对不同类型股票对所产生的效果也有不同,所以在实践运用以上策略时还需要加以考虑。

6.3.4 年收益率的统计特征及区间分布情况

为进一步考察3种方法在3个市场交易年收益率统计特征及区间分布情况,运用3种方法在3个市场对各股票对进行交易,所得年收益率主要统计特征、各收益率区间分布的个数、比例列于表6.4。

表6.4 3种建仓策略在3个市场年收益率统计特征及区间分布情况

Table 6.4 Statistical characters and the interval distribution of annual rate of return with three openning strateges in three markets

统计量/区间	SSE50			SSE50			SSE50		
	GGR	Herlemont	FTBD	SCI40	Herlemont	FTBD	HSI45	Herlemont	FTBD
均值	0.016	0.024	0.029	0.050	0.039	0.064	-0.004	-0.016	-0.010
标准差	0.115	0.105	0.130	0.198	0.191	0.216	0.090	0.085	0.098
偏度	0.454	0.281	0.362	1.704	1.697	1.387	-0.061	-0.037	0.104
峰度	3.232	3.037	3.075	7.092	6.918	5.195	3.265	3.506	3.500
最大值	0.369	0.357	0.415	0.911	0.849	0.893	0.267	0.276	0.325

续表6.4

Table 6.4 (Continued)

统计量/区间	SSE50			SSE50			SSE50		
	GGR	Herlemont	FTBD	SCI40	Herlemont	FTBD	HSI45	Herlemont	FTBD
最小值	-0.295	-0.247	-0.280	-0.371	-0.330	-0.325	-0.287	-0.305	-0.302
>30%个数	2	3	9	40	38	57	—	—	2
>20%个数	15	11	20	70	63	88	4	3	7
>10%个数	47	51	61	157	132	173	35	23	34
±10%以内个数	136	134	114	277	294	259	240	254	239
<-10%个数	27	25	35	94	102	96	50	48	52
<-20%个数	2	2	6	24	23	25	7	7	8
总个数	210	210	210	528	528	528	325	325	325
>30%比例	1.0%	1.4%	4.3%	7.6%	7.2%	10.8%	0.0%	0.0%	0.6%
>20%比例	7.1%	5.2%	9.5%	13.3%	11.9%	16.7%	1.2%	0.9%	2.2%
>10%比例	22.4%	24.3%	29.0%	29.7%	25.0%	32.8%	10.8%	7.1%	10.5%
±10%以内比例	64.8%	63.8%	54.3%	52.5%	55.7%	49.1%	73.8%	78.2%	73.5%
<-10%比例	12.9%	11.9%	16.7%	17.8%	19.3%	18.2%	15.4%	14.8%	16.0%

续表6.4

Table6.4(Continued)

统计量/区间	SSE50			SSE50			SSE50		
	GGR	Herlemont	FTBD	SCI40	Herlemont	FTBD	HSI45	Herlemont	FTBD
<-20%比例	1.0%	1.0%	2.9%	4.5%	4.4%	4.7%	2.2%	2.2%	2.5%
总比例	100.0%	100.0%	100.0%	100.0%	100.0%	100.0%	100.0%	100.0%	100.0%

注:①SSE50:上证50指数(50 stocks);SCI40:深圳成分指数(40 stocks);HSI45:恒生指数(45 stocks)

②收益率等级,超高>30%,高>20%,良好>10%,-10%<普通<10%,差<-10%,很差<-20%

从年收益率统计指标看,在上海市场,3种策略结果的标准差、峰度差异不大,但都呈明显的正偏,说明3种策略下都有一定数量股票对年收益率远高于其他股票对的情况,存在通过统计方法或策略改进寻找优良股票对的空间。在香港市场中3种方法的收益率分布都呈现较好的对称性。在深圳市场的分布呈现离散、尖峰和正偏性,显示通过统计方法或策略改进寻找优良股票对的空间最大。方法3在3个市场都在没有明显降低收益最小值的情况下,提高了最大值,使年收益率所在空间重心向上移动。

从年收益率所在区间股票对个数和比例看,收益率在10%以上、20%以上和30%以上的股票对个数和比例中,FTBD策略基本上都多于其他两个策略,而GGR在深圳和香港多于Herlemont策略。另一方面,在收益率10%以下、20%以下的区间里,FTBD策略基本上也多于其他两个策略,而GGR在深圳和香港多于Herlemont策略。这样表示,FTBD策略虽然总体提高了收益率均值,但收益率序列有向两端扩散的趋势,收益率分布离散性较大,相反Herlemont策略的收益率分布更趋于集中。

6.3.5 交易结果分析和讨论

总地来说,经过3个市场交易的检验,FTBD策略比其他两个策略提高了年收益率。但另一方面,方法3的建仓位置是触发后首次折回时建仓,价差朝回复均值方向,该位置多数情况比前两种方法离开均值的位置都远,风险更大,实证中该方法所产生的年收益率差($<-10\%$)的股票对比例也是3种策略最高的,而且由于方法3未设定最远建仓位置,当价差超过2倍标准差后仍单向远离均值时,最终建仓位置则可能进入了一个风险异常高的区域,所以年收益率很差($<-20\%$)的比例也相应比前两种方法都高。FTBD策略年收益率序列有向两端扩散的趋势,Herlemont策略有向中间聚拢的趋势,显示了更高收益的交易策略在某种程度上也承担了更大的风险,此时,结合其他统计和计量方法对股票对选择和对交易策略改进显得更加重要。

若配对交易价差动量效应与价差均值回复效应存在,则交易结果一定程度是两种效应共同作用的结果,GGR与Herlemont两种策略建仓位置相近,价差运动方向相反,对比这两种方法所得到的年收益率将有助于揭示两种效应的共同作用。从价差动量效应上看,Herlemont策略建仓位置朝均值回复方向,而GGR方向相反,从这一意义上讲,Herlemont策略交易结果应当比GGR的好。但从价差均值回复效应看,建仓位置价差越远离均值,价差回复的概率也会较大,所以交易结果应当更好。以上交易结果显示,交易结果GGR策略比Herlemont的好,显示了均值回复效应比动量效应更强,或动量效应不存在,价差运动方向并不一定影响交易结果。从FTBD与Herlemont策略在3个市场的交易结果看,FTBD结果更好,由于两策略建仓位置价差运动方向一致,而FTBD建仓位置离均值距离更远,收益更多,显示了价差均值回复效应的客观存在。从GGR与FTBD策略在3个市场的交易结果看,FTBD结果总体更好,但在香港市场出现了例外,从动量效应和均值回复效应两个角度,FTBD都应优于GGR,香港的例外预示着配对交易市场中除了以上两种效应外,可能还存在其他未考虑到的更强的效应,或以上两种效应在不同市场所适用条件有不同,需要进一步深入研究。

配对交易是一个相对中性的投资策略,但证券市场结构对配对交易也产生影响。普遍认为,中国香港等先进发达证券市场比中国内地等后发展的证券市场更加有效,有效市场主要在信息反映机制上更加有效,即市场能更快地反映出股票之间价差的出现和大小,同时有效市场还在手段上更加有效,即市场存在更多更有力的价差修复手段,包括卖空机制和孖展(Margin),存在更多市场套利机构和个人,包括对冲基金。这样,有效市场会更快地修复价差,导致价差出现极端值的情况较少,有效市场价差分布的尾部更薄,成功的概率更高,在这样的市场中进行配对交易会更好,与 Yuksel(2010)的结论是一致的。但从以上交易结果看,在香港进行交易所得到的年收益率最差,显示了香港市场虽然发展历史最长,但并非必然更适合进行配对交易,新兴发展中国家股票市场,如中国上海市场、深圳市场更适合进行配对交易。3 个市场交易结果明显的差异也从另一个角度反映了市场结构对配对交易产生了影响,可以通过选择市场进行配对交易结果的改进。但相关的研究才刚刚开始,未来需要更大的努力。

本 章 小 结

为考察不同配对交易策略对配对交易结果的改进情况,本章构建了一种新的建仓策略 FTBD 策略,结合 GGR 和 Herlemont 两种策略,从数理上证明了 FTBD 策略在交易成功率上优于其他两个策略。从实证上在上海、深圳和香港市场比较了年收益率基本情况,收益率正态性,统计特征及在各收益率区间的分布数量和比例情况,发现:

(1)3 种策略在上海和香港市场交易年收益率都基本呈现正态性的特征,交易结果比较稳定。

(2)3 种方法在上海市场交易表现的一致性较强,而在深圳和香港市场差异较明显。

(3) 从年收益率总体看，FTBD 策略最优，GGR 策略次之，Herlemont 第三。3 种方法在深圳收益最大，上海次之，香港最差。

(4) 深圳市场各股票对年收益率序列呈明显的尖峰和正偏性，从年收益率数值及区间分布情况看，FTBD 策略在各市场收益率最高，且收益率有向两端扩散的趋势，相反，Herlemont 策略收益率最小且有向中间聚拢的趋势。结果表明，配对交易可以通过建仓策略的改进来提高收益，FTBD 建仓策略比 GGR 和 Herlemont 策略更加有效，有效的建仓策略在某种程度上也承担更多的风险，价差动量效应和均值回复效应有助于解释价差变化过程和收益率差异。在不同市场进行配对交易收益差异十分明显，成熟有效的证券市场不一定适合配对交易，配对交易将在发展中国家有广阔的发展空间。

由于交易策略环节非常多，建仓策略只是其中一个环节，提升交易结果需要各个环节共同提升、平衡发展，本书仅考察了 3 种建仓策略，实证也仅限于上海、深圳和香港证券市场，所以结果存在一定局限性。未来需要进一步对其他交易环节进行研究，同时要对策略进行更多国家数据的检验，为通过交易策略改进提升交易结果争取更多空间。

第7章 纯统计配对交易收益与广义价差统计特征关系

在上文章节已介绍了配对交易模型、目标和价差统计特征,证明了配对交易统计基础和可行性,明确界定了纯统计配对交易,研究并确定了交易策略后,本章即可进一步深入探讨纯统计配对交易目标与价差统计特征关系并建立相应的模型和展开讨论。需要说明的是,前文所提出的 WM-FTBD 建仓改进策略将是配对交易未来理论和实务中的主流建仓方式,所以下文顺应主流并选用该新策略。

为探讨配对交易年收益率主要决定因素,本章构造了平仓次数、成败标记、价格序号距离3个指标,结合8个现有指标,执行 FTBD 交易策略,在沪深港市场运用逐步回归和限定自变量个数最大 R 方回归法寻找并确定了年收益率六因素非线性回归模型。发现不同市场影响收益的主要因素及个数有区别,但模型整体理想,除峰度外其他自变量系数符号稳定性都较好。结果表明,进行股票对选取时,应尽量选择持仓时间长、平仓次数多、成功率高且方差大、相关系数又不是很大的股票对,结合两种回归方法将有利于最优模型构建和检验。

7.1 纯统计配对交易广义价差统计特征

在配对交易股票配对方式上,很多学者选择从基本面中的行业归属进行配对的方式,但对行业层次尚未进行深入研究,Wang(2009)等人提出了纯统计配对交易(Pure Statistical Pair Trading)的概念,通过统计方法研究无限制规则的股票对(Unrestricted Pairs)。在交易策略上,目前执行最多的是 GGR(Evan Gatev, William N.

Goetzmann, K. Geert Rouwenhorst)交易策略,即形成期一年,交易期半年,2倍价差标准差触发,触发当天建仓,回复当天平仓,3倍价差标准差止损的交易策略,本章执行 FTBD 交易策略,在 GGR 交易策略基础上,触发后在折回首日建仓。

价差统计特征是对股票对价格差异进行统计而形成的各项指标的集合,狭义的价差统计特征主要指价差均值、方差、标准差、偏度、峰度等描述价差随机变量分布情况的统计学指标,广义的价差统计特征包括价差平方和、持仓时间、平仓次数和成败标记等描述价差出现某些具体情况频率的指标,还包括股票行业属性、价格差异程度等。

针对目前在配对交易中对股票价差统计特征与收益关系研究较少,Chen(2008)认为大量收益的方差仍未被有效解释。结合配对交易的实务操作情况,本书试图在狭义价差统计特征的基础上推广到广义统计特征,以便从更广的视角研究收益,结合逐步回归法,寻找并确定影响年收益率的主要因素,结合实际情况,探索广义价差统计特征与收益的多元非线性模型,并在上海、深圳和香港证券市场对模型进行跨期检验。

为提高交易收益率,在3个建仓策略对比的基础上,本章执行"折回首日"建仓策略,即当价差超过2倍标准差触发后,逐日盯市(marked-to-market),一旦出现当天收盘价低于昨天的,当天收盘时建仓,止损位置设在建仓日收盘价再远离均值1倍标准差处,持仓至均值回复或交易期终止时平仓,止损后待均值回复后再盯市建仓,年收益率等于2倍半年收益率。

7.2 回归方法

7.2.1 多元线性回归方法和参数

1. 拟合优度检验

设有 k 个自变量的回归模型为

$$Y_i = \beta_0 + \beta_1 X_{1i} + \beta_2 X_{2i} + \cdots + \beta_k X_{ki} + \mu_i \tag{7.1}$$

其回归方程为

$$\hat{Y}_i = \hat{\beta}_0 + \hat{\beta}_1 X_{1i} + \hat{\beta}_2 X_{2i} + \cdots + \hat{\beta}_k X_{ki} \tag{7.2}$$

离差分解为

$$Y_i - \bar{Y} = (Y_i - \hat{Y}_i) + (\hat{Y}_i - \bar{Y}) \tag{7.3}$$

总离差平方和分解式为

$$\sum (Y_i - \bar{Y})^2 = \sum (\hat{Y}_i - \bar{Y})^2 + \sum (Y_i - \hat{Y})^2 \tag{7.4}$$

即

$$TSS = ESS + RSS \tag{7.5}$$

总离差平方和(TSS)分解为回归平方和(ESS)与残差平方和(RSS),其决定系数为

$$R^2 = \frac{ESS}{TSS} \tag{7.6}$$

2. 方程显著性检验

由离差平方和分解式知,总离差平方和 TSS 的自由度为 $n-1$,回归平方和 ESS 由 k 个自变量对 Y 的线性影响决定,它的自由度为 k。所以残差平方和的自由度由总离差平方和的自由度减去回归平方和的自由度,即为 $n-k-1$。对方程显著性 F 检验如下:

原假设 $H_0: \beta_1 = \beta_2 = \cdots = \beta_k = 0$;

备择假设 $H_1: \beta_1, \beta_2, \cdots, \beta_k$ 不同时为 0。

在原假设成立条件下,计算统计量 F,即

$$F = \frac{ESS/k}{RSS/(n-k-1)} \sim F(k, n-k-1) \tag{7.7}$$

若 $F > F_\alpha(k, n-k-1)$ 或 p 值小于显著水平,拒绝 H_0,认为回归方程显著成立,各回归系数不同时为零。

修正 R^2 为

$$R^2 = 1 - \frac{n-i}{n-k-i}(1 - R^2) \tag{7.8}$$

其中当模型含有截距项时 $i=1$,否则 $i=0$。理论上我们认为满

足以下两条原则的方程是最优的:①当增加变量时,不能使 R^2 显著提高;②变量个数尽量少。

3. 参数显著性检验

若回归方程显著成立,说明整体上 k 个自变量对 Y 的影响显著,但并不意味每个自变量对 Y 的影响都重要。如果某个自变量对 Y 的影响不重要,即可从回归模型中把它剔除,重新建立回归方程。若某个自变量 X 对 Y 作用不显著,则它在多元线性回归模型中,其前面的系数可取值为零。对回归系数 β_j 进行 t 检验如下:

原假设 $H_0:\beta_j=0$;

备择假设 $H_1:\beta_j\neq 0$。

由 $\begin{cases} y = X\beta + \varepsilon \\ \varepsilon \sim N(0,\sigma^2 I_n) \end{cases}$, $y \sim N(X\beta,\sigma^2 I_n)$,回归模型的正规方程组为 $X'(y-X\hat{\beta})=0$,则 $\hat{\beta}=(X'X)^{-1}X'y$,记 c_{jj} 为矩阵 $(X'X)^{-1}$ 对角线上第 j 个元素,S_E 为残差平方和,$S(\hat{\beta}_j)$ 是 $\hat{\beta}_j$ 的标准差,k 为自变量个数,$\hat{\beta}_j \sim N(\beta_j,c_{jj}\sigma^2)$,$j=0,1,2,\cdots,k$,从而

$$\frac{\hat{\beta}_j - \beta_j}{\sqrt{c_{jj}}\sigma} \sim N(0,1) \tag{7.9}$$

$$\frac{S_E}{\sigma^2} \sim \chi^2(n-p-1) \tag{7.10}$$

构造统计量

$$t_j = \frac{\hat{\beta}_j - \beta_j}{S(\hat{\beta}_j)} = \frac{\dfrac{\hat{\beta}_j - \beta_j}{\sqrt{c_{jj}}\sigma}}{\sqrt{\dfrac{\dfrac{S_E}{\sigma^2}}{n-p-1}}} = \frac{\hat{\beta}_j - \beta_j}{\sqrt{c_{jj}} \cdot \sqrt{\dfrac{S_E}{n-p-1}}} \tag{7.11}$$

当 $\beta_j=0$ 成立时,统计量

$$t_j = \frac{\hat{\beta}_j}{S(\hat{\beta}_j)} \sim t(n-k-1) \tag{7.12}$$

若 $|t| > t_{\frac{\alpha}{2}}(n-k-1)$,拒绝 $H_0:\beta_j=0$,接受 $H_1:\beta_j\neq 0$,即认为 β_j

显著不为零。

当回归模型中自变量个数为 k 时,需要进行 k 次 t 检验。

7.2.2 逐步回归与最大 R^2 回归

由 k 个自变量和因变量的 n 组观测值,用最小二乘法可以分别建立一元、二元、…、k 元回归方程,方程模型的选择有 2^k-1 个,全子集法回归即在所有回归模型中按一定标准,如调整 R^2,进行比较,最终确定最优的回归模型,最优模型应当解释力强而且简洁、易理解和运用,用全子集法回归一般不会排除全局最优模型。但由于计算量大,尤其是当 k 较大时,如 $k=30$ 时全部子集个数已超过 10 亿,从中优选的计算量大而且没有必要,得到的结果往往并不一定理想,所以必须设计一些简化而有效的算法,逐步回归是其中的一种。

逐步回归是设定了进入和剔除标准后,逐一引入自变量,每次引入对因变量影响最大的自变量,并对老变量逐个进行检验,剔除对因变量影响变为不显著的老变量,最终得到在一定标准下对因变量影响显著的全部变量所构成的集合,既不能再引入,又不能再剔除。逐步回归所得到的模型起码是局部最优模型,但最终是否全局最优模型还要经过检验,当全子集法计算量很大,或者有其他原因执行全子集法计算不方便时,可以结合其他简化方法进行分析和讨论,本书结合逐步回归法、问题的实际情况及计算负荷,提出另一个局部最优模型寻找的方法,限定自变量个数最大 R^2 法。

限定自变量个数最大 R^2 回归,以下简称最大 R^2 回归,是根据一定标准确定自变量个数后,运用全子集法寻找出最大 R^2 模型的过程,方程模型的选择变为 $C_k^p \ll 2^k-1$,回归的计算量大大减少,得到该自变量个数下回归模型的全局最优模型。结合其他回归方法,如逐步回归法,此法将有利于全局最优模型因素的确定及模型的构建和检验。

7.3 实证结果

7.3.1 各统计指标基本情况

本章共探讨了 14 个自变量指标,各指标的均值和方差见表7.1,其中平仓次数、成败标记、价格序号距离等 3 个指标是本书构造的。由于峰度是刻画分布尾部长度的指标,根据实际问题的情况,峰度可能不是越大越好,而是经过增加后再减少的过程,所以对峰度引入了峰度平方这个二次多项式的形式作多元非线性自变量,持仓时间的处理也一样构造了持仓时间平方。由于 GGR 和 FTBD 等交易设置是按标准差倍数设定开仓、平仓和止损的,而每次平仓所得到的收益均依赖于交易成败情况,所以本书构造了标准差×成败自变量交叉项统计量。

表 7.1 是各指标基本情况及 Stepwisefit 进入模型的顺序表。从表 7.1 中 3 个市场各指标的均值和标准差的情况看,香港市场均值的标准差、峰度比上海和深圳的都大,反映了香港市场的价差分散性较大。而香港股票对的相关系数比其他两个市场的都大,而且相对比较稳定。平均持仓时间上海最长,平仓次数深圳和上海比香港多。

第7章 纯统计配对交易收益与广义价差统计特征关系

表 7.1 各指标基本情况及 Stepwisefit 进入模型的顺序

Table 7.1 Basic situation of the indicators and the entrance order of the model of stepwisefit

No.	Indicators	SSE50 Mean	SSE50 Std.	SSE50 History, in	SCI40 Mean	SCI40 Std.	SCI40 History, in	SSE50 Mean	SSE50 Std.	SSE50 History, in
1	均值	0.05	0.36		-0.05	0.38		0.42	0.63	
2	标准差	0.06	0.03		0.07	0.04		0.04	0.02	
3	偏度	0.06	0.47		-0.05	0.46		-0.15	0.58	
4	峰度	2.54	0.82		2.31	0.65		2.92	1.45	
5	相关系数	0.40	0.48	1	0.21	0.55	1	0.60	0.27	1
6	协方差	0.02	0.23		0.03	0.21				
7	SSD	300.39	238.03	1	395.08	273.86	1	197.78	134.39	1
8	持仓时间	49.01	39.60	1	44.35	33.15	1	33.15	37.13	1
9	平仓次数	0.80	0.55		0.82	0.49		0.58	0.51	
10	成败次数	-0.11	0.71	1	-0.37	0.71	1	-0.15	0.61	1
11	股价序号距离	7.33	4.83	1	11.33	7.66	1	9.00	6.01	1
12	峰度平方	7.10	6.60		5.77	4.09		10.62	17.04	
13	持仓时间平方	3 962.87	4 630.69		3 064.05	3 691.05		2 473.79	3 890.13	1
14	标准差×成败	-0.01	0.04	1	-0.03	0.04	1	-0.01	0.02	1

注：①SSE50：上证 50 指数 (50 stocks)；SCI40：深圳成分指数 (40 stocks)；HS45：恒生指数 (45 stocks)；②逐步回归法 P_{enter} 值为 0.05，P_{remove} 值为 0.10；③History, in 是逐步回归法引入模型的顺序，1 表示引入，步骤从左到右共 6 步；④Std. 为标准差。

7.3.2 计算过程及结果

1. 统计特征及交易结果矩阵

按 FTBD 交易策略,对 7 年数据进行交易和计算,形成了配对交易统计特征及交易结果三维矩阵。其中矩阵行是股票对样本,包括上海 210 个、深圳 528 个、香港 325 个,列为统计特征 14 列及交易结果(年收益率)1 列,纵向共 12 页,代表 12 个交易期不同的统计特征及交易结果,形成了 $210 \times 15 \times 12$、$528 \times 15 \times 12$、$325 \times 15 \times 12$ 这 3 个三维矩阵。

2. 逐步回归 Stepwisefit 模型

经逐步回归并对结果进行检验,得到表 7.1 中 3 个市场的 History.in 栏 14 个自变量进入模型的过程及结果,其中 penter 取值 0.05 到 0.15,premove 取值 0.05 到 0.15,每 0.01 取值一次,逐步回归的过程和结果均一样,上海的进入顺序为成败标记、标准差×成败标记、持仓时间、协方差、相关系数、峰度,共 6 个自变量,没有进入后再剔除的变量。经检验,进入后的各自变量系数值及相关的 T 检验参数与限定 6 个自变量个数的最大 R^2 模型所得到的结果均一致。深圳的进入顺序为成败标记、标准差×成败标记、持仓时间平方、SSD、平仓次数、均值、股价序号距离,共 7 个自变量,没有进入后再剔除的变量。香港的进入顺序为成败标记、标准差×成败标记、平仓次数,共 3 个自变量,没有进入后再剔除的变量。不同市场影响收益的主要因素及个数有一定区别,其中原因有市场结构对配对交易收益会产生影响作用。

3. 限定统计特征个数最大 R^2 模型

根据逐步回归模型自变量个数上海的为 6 个,深圳为 7 个,香港为 3 个,结合实际问题情况,配对交易年收益率相关的因素很多,但以上 14 个自变量指标已涵盖了大多常见的价差统计特征,二级行业配对的统计指标可以用相关系数、标准差、协方差和 SSD 等指标代替。表 7.2、7.3、7.4 分别列示了 SSE50、SCI40、HSI45 各自变量相关系数矩阵,表中数据反映了部分向量相关程度较高,可以进一步从中进行优选。结合软件及计算机运算能力,本书把最大 R^2 自变量个数确定为 6 个,并在限定 6 个统计特征的基础上寻找最优模型。

记 $X=\{x_1,x_2,\cdots,x_{14}\}$ 表示 14 个统计特征的集合,i 表示统计特征的序号,$1\leqslant i_1<i_2<i_3<i_4<i_5<i_6\leqslant 14$,$\{i_1,i_2,i_3,i_4,i_5,i_6\}$ 表示 6 个统计特征序号的任意组合,$x_{i_1},x_{i_2},x_{i_3},x_{i_4},x_{i_5},x_{i_6}\in X$。

$$\begin{aligned}&\max.\ R^2=f(x_{i_1},x_{i_2},x_{i_3},x_{i_4},x_{i_5},x_{i_6})\\&s.t.\begin{cases}x_{i_1},x_{i_2},x_{i_3},x_{i_4},x_{i_5},x_{i_6}\in X\\1\leqslant i_1<i_2<i_3<i_4<i_5<i_6\leqslant 14\end{cases}\end{aligned} \quad (7.13)$$

Tim(2010)的研究结果表明,由于配对交易经过股票配对后对冲了大部分的系统外的风险,使该策略成为一个相对有效的市场中性策略。交易期的选择对配对交易统计特征及交易结果不会产生重大的影响,与年收益率存在稳定关系的因素也不应随交易期发生重大变化,所以本书任意选取了第一个交易期作为模型因素确定的期间,3 个市场第一个交易期的回归结果见表 7.5。

从 14 个价差统计特征中选取 6 个共有 C_{14}^6 即 3 003 个选择,即要对年收益率进行 3 003 次多元回归,表 7.5 列出了 R^2 最大的前 20 个和最小的 5 个回归模型情况。其中上海市场最大 R^2 模型确定的因素包括峰度、相关系数、协方差、持仓时间、成败标记、标准差×成败等 6 个因素。从模型整体上看,R^2 为 0.814,即对年收益率解释程度已达到八成以上,总体效果较理想。F 值 147.938、P 值近似于 0,表示模型整体上非常显著,残差均方为 0.023,数值较小,表示模型比较稳定,残差相对自由度的商值不大。而深圳市场最大 R^2 模型确定的因素包括均值、SSD、平仓次数、成败标记、持仓时间平方、标准差×成败标记等 6 个因素。从模型整体上看,R^2 为 0.813,即对年收益率解释程度也已达到八成以上,总体效果较理想。P 值近似于 0,表示模型整体上非常显著。香港市场最大 R^2 模型确定的因素包括偏度、SSD、平仓次数、成败标记、峰度平方、标准差×成败标记 6 个因素。从模型整体上看 R^2 为 0.837,即对年收益率解释程度也已达八成以上,总体较理想。P 值近似于 0,表示模型整体上非常显著。3 个市场的最大 R^2 模型因素有一定的区别,但主要平仓次数(9)、成败标记(10)、标准差×成败标记(14)等因素在各市场对年收益率作用都十分明显,以它们做基础,加上峰度(4)、相关系数(5)、持仓时间(8)等因素构成的模型(自变量序号:4 5 8 9 10 14)在众多模型中的排位也较靠前。

第 7 章 纯统计配对交易收益与广义价差统计特征关系

表 7.2 SSE50 各自变量相关系数矩阵
Table 7.2 Correlation coefficient matrix of the independent variables in SSE50

股票池	指标	均值	标准差	偏度	峰度	相关系数	协方差	SSD	持仓时间	持仓次数	成败标记	股价序距离	峰度平方	持仓时间平方×成败	年收益率
SSE50	均值	1.00													
	标准差	-0.18	1.00												
	偏度	-0.21	-0.01	1.00											
	峰度	0.13	-0.31	0.08	1.00										
	相关系数	0.23	-0.67	0.01	0.17	1.00									
	协方差	0.20	-0.55	0.06	0.08	0.68	1.00								
	SSD	-0.23	0.67	-0.01	-0.01	-1.00	-0.68	1.00							
	持仓时间	-0.01	0.16	0.01	0.10	-0.11	-0.09	0.11	1.00						
	持仓次数	0.01	-0.39	-0.17	0.28	0.20	0.07	-0.20	0.20	1.00					
	成败标记	0.10	-0.08	-0.02	0.22	0.20	-0.06	-0.20	0.08	0.32	1.00				
	股价序距离	0.17	0.06	0.02	0.03	-0.06	-0.01	0.06	0.08	0.05	-0.03	1.00			
	峰度平方	0.10	-0.24	-0.02	0.96	0.15	0.05	-0.15	0.08	0.95	0.26	0.20	1.00		
	持仓时间平方×成败	-0.01	0.19	0.05	0.08	-0.14	-0.09	0.14	0.95	0.01	0.29	0.07	0.05	1.00	
	年收益率	0.12	-0.15	-0.03	0.24	0.23	-0.24	0.38	0.10	-0.03	-0.06	0.21	0.37	0.87	1.00

注：SSE50：上证 50 指数（50 stocks）；SCI40：深圳成分指数（40 stocks）；HS145：恒生指数（45 stocks）

表 7.3 SCI40 各自变量相关系数矩阵

Table 7.3 Correlation coefficient matrix of the independent variables in SCI40

股票池	指标	均值	标准差	偏度	峰度	相关系数	协方差	SSD	持仓时间	平仓次数	成败标记	股价序号距离	峰度平方	持仓时间平方	标准差×成败	年收益率
SCI40	均值	1.00														
	标准差	0.07	1.00													
	偏度	0.05	-0.07	1.00												
	峰度	-0.01	-0.53	0.09	1.00											
	相关系数	-0.06	-0.75	0.08	0.46	1.00										
	协方差	-0.02	-0.50	0.02	0.19	0.64	1.00									
	SSD	0.06	0.75	-0.08	-0.46	-1.00	-0.64	1.00								
	持仓时间	0.08	0.27	-0.02	-0.09	-0.19	-0.20	0.19	1.00							
	平仓次数	0.07	-0.40	0.00	0.25	0.47	0.16	-0.47	0.12	1.00						
	成败标记	0.06	0.03	-0.03	0.00	-0.06	-0.05	0.06	0.23	-0.03	1.00					
	股价序号距离	-0.10	0.00	0.04	-0.03	0.00	-0.03	0.00	0.09	-0.03	-0.01	1.00				
	峰度平方	0.00	-0.43	0.14	0.97	0.37	0.14	-0.37	-0.07	0.19	-0.03	-0.01	1.00			
	持仓时间平方	0.09	0.29	0.00	-0.12	-0.25	-0.21	0.25	0.95	-0.05	0.01	0.08	-0.09	1.00		
	标准差×成败	0.08	-0.18	0.01	0.09	0.07	0.05	-0.07	0.15	-0.14	0.27	0.04	0.09	0.21	1.00	
	年收益率	0.14	0.00	0.00	-0.02	-0.08	-0.08	0.08	0.31	-0.08	0.82	0.07	0.00	0.36	0.86	1.00

注：SSE50：上证 50 指数(50 stocks)；SCI40：深圳成分指数(40 stocks)；HSI45：恒生指数(45 stocks)

第7章 纯统计配对交易收益与广义价差统计特征关系

表 7.4 HSI45 各自变量相关系数矩阵
Table 7.4 Correlation coefficient matrix of the independent variables in HSI45

股票池	指标	均值	标准差	偏度	峰度	相关系数	协方差	SSD	持仓时间	平仓次数	成败标记	股价序号距离	峰度平方	持仓时间平方	标准差×成败	年收益率
HSI45	均值	1.00														
	标准差	0.06	1.00													
	偏度	-0.12	0.01	1.00												
	峰度	0.08	-0.25	-0.39	1.00											
	相关系数	0.04	-0.58	0.14	0.12	1.00										
	协方差	-0.11	-0.26	0.21	-0.04	0.33	1.00									
	SSD	-0.04	-0.11	-0.14	-0.04	-0.12	-0.33	1.00								
	持仓时间	-0.01	0.08	0.05	0.05	0.13	0.15	-0.13	1.00							
	平仓次数	0.18	-0.11	-0.02	0.24	0.29	-0.10	-0.29	0.45	1.00						
	成败标记	0.00	0.06	-0.04	-0.02	0.01	0.09	-0.13	0.22	-0.13	1.00					
	股价序号距离	0.69	0.05	-0.10	0.10	0.11	-0.20	-0.11	0.04	0.22	-0.03	1.00				
	峰度平方	0.07	-0.20	-0.39	0.94	0.06	-0.06	-0.06	0.04	0.22	-0.03	0.04	1.00			
	持仓时间平方	-0.06	0.02	0.06	0.02	0.12	0.20	-0.07	0.95	0.27	0.22	-0.01	0.02	1.00		
	标准差×成败	0.01	0.00	-0.04	0.01	0.02	-0.02	0.02	0.04	-0.13	0.93	-0.03	0.00	0.19	1.00	
	年收益率	0.02	0.01	0.00	-0.06	-0.06	-0.03	0.06	0.07	0.04	0.86	0.04	0.00	0.25	0.90	1.00

注:SSE50:上证 50 指数(50 stocks);SCI40:深圳成分指数(40 stocks);HSI45:恒生指数(45 stocks)。

表 7.5 3 个市场第一个交易期的回归结果

Table 7.5 Regression results of the first trading period in the three markets

No.	SSE50								SSE50								SSE50							
	R square	P value	i_1	i_2	i_3	i_4	i_5	i_6	R square	P value	i_1	i_2	i_3	i_4	i_5	i_6	R square	P value	i_1	i_2	i_3	i_4	i_5	i_6
1	0.814	0.000	4	5	6	8	10	14	0.813	0.000	1	7	9	10	13	14	0.837	0.000	3	7	9	10	12	14
2	0.814	0.000	4	6	7	8	10	14	0.813	0.000	1	5	9	10	13	14	0.837	0.000	3	5	9	10	12	14
3	0.813	0.000	6	7	8	10	12	14	0.812	0.000	2	7	9	10	13	14	0.837	0.000	7	8	9	10	13	14
4	0.813	0.000	5	6	8	10	12	14	0.812	0.000	2	5	9	10	13	14	0.837	0.000	5	8	9	10	13	14
5	0.812	0.000	6	7	8	9	10	14	0.812	0.000	4	7	9	10	13	14	0.837	0.000	1	3	9	10	12	14
6	0.812	0.000	5	6	8	9	10	14	0.812	0.000	4	5	9	10	13	14	0.837	0.000	3	9	10	11	12	14
7	0.811	0.000	6	7	8	10	11	14	0.812	0.000	7	9	10	11	13	14	0.837	0.000	3	6	9	10	12	14
8	0.811	0.000	5	6	8	10	11	14	0.812	0.000	5	9	10	11	13	14	0.837	0.000	4	7	9	10	12	14
9	0.811	0.000	6	7	8	10	13	14	0.812	0.000	1	7	8	9	10	14	0.837	0.000	4	5	9	10	12	14
10	0.811	0.000	5	6	8	10	13	14	0.811	0.000	1	5	8	9	10	14	0.837	0.000	6	8	9	10	13	14
11	0.810	0.000	3	6	7	8	10	14	0.811	0.000	7	9	10	12	13	14	0.837	0.000	1	7	9	10	12	14
12	0.810	0.000	3	5	6	8	10	14	0.811	0.000	5	9	10	12	13	14	0.837	0.000	1	5	9	10	12	14
13	0.810	0.000	4	6	7	10	13	14	0.811	0.000	6	9	9	10	13	14	0.837	0.000	6	9	10	11	12	14
14	0.810	0.000	4	5	6	10	13	14	0.811	0.000	5	6	9	10	13	14	0.837	0.000	6	7	9	10	12	14

第7章 纯统计配对交易收益与广义价差统计特征关系

续表 7.5
Table7.5 (Continued)

No.	SSE50 R square	P value	i_1	i_2	i_3	i_4	i_5	i_6	SSE50 R square	P value	i_1	i_2	i_3	i_4	i_5	i_6	SSE50 R square	P value	i_1	i_2	i_3	i_4	i_5	i_6
15	0.810	0.000	2	6	7	8	10	14	0.811	0.000	3	7	9	10	13	14	0.837	0.000	5	6	9	10	12	14
16	0.810	0.000	2	5	6	8	10	14	0.811	0.000	7	8	9	10	13	14	0.837	0.000	3	9	10	11	12	14
17	0.810	0.000	1	6	7	8	10	14	0.811	0.000	8	9	10	13	14		0.837	0.000	7	9	11	12	13	14
18	0.810	0.000	1	6	7	8	10	14	0.811	0.000	5	8	9	10	13	14	0.837	0.000	5	9	10	11	12	14
19	0.810	0.000	6	7	9	10	13	14	0.811	0.000	4	5	9	10	13	14	0.837	0.000	1	6	9	10	13	14
20	0.810	0.000	5	6	9	10	13	14	0.810	0.000	4	5	6	7	10	14	0.946	0.000	1	2	3	4	6	11
2999	0.068	0.013	1	3	5	7	9	11	0.013	0.217	4	5	6	7	9	12	0.005	0.896	1	2	4	5	6	7
3000	0.068	0.025	2	3	3	8	10	12	0.012	0.295	3	5	6	7	9	12	0.004	0.921	1	2	3	4	7	12
3001	0.066	0.016	1	2	5	8	9	11	0.012	0.295	3	5	6	7	9	12	0.003	0.982	2	4	5	6	7	9
3002	0.065	0.016	2	3	5	7	9	11	0.011	0.317	3	4	5	6	7	12	0.003	0.987	1	2	4	5	7	11
3003	0.063	0.020	2	3	5	7	9	11	0.011	0.319	3	4	5	6	7	9								

注：①本表列示 3 个市场第一个交易期的回归结果，按 R^2 排序前 20 和后 5 个模型结果
②SSE50：上证 50 指数（50 stocks）；SCI40：深圳成分指数（40 stocks）；HSI45：恒生指数（45 stocks）

结合表 7.1 中 History.in 3 个市场 14 个自变量进入模型的历史顺序,考虑到标准差、相关系数、协方差、SSD 4 个因素间在 3 个市场的相关性都很高,在国内外研究中相关系数使用率较高,模型应尽量简化等因素,本书将影响年收益率的 6 个因素确定为峰度(4)、相关系数(5)、持仓时间(8)、平仓次数(9)、成败标记(10)、标准差×成败标记(14)。下文将对这 6 个因素构成的模型在 3 个市场 12 个交易期分别进行检验,记本书以这 6 个因素构建的模型为 WM 模型。

4. WM 模型 12 个交易期检验结果

从第一个交易期确定最大 R^2 模型的 6 个自变量后,由于该 6 个价差统计特征是在任意选取的第一个交易期中确定的,所以要经过其他交易期数据的检验才能进一步确定有效。多交易期主要检验四部分内容,一是以该 6 个价差统计特征构建的模型的总体情况,二是各自变量系数的符号及大小变化情况,三是系数的 T 值及变化情况,四是系数的 P 值及变化情况。3 个市场 12 个交易期检验总体结果见表 7.6、7.7、7.8,各系数 T 值和 P 值转换为"*"号已标注到各系数的相应位置。需要注意的是,在表 7.6、7.7、7.8 中,为使回归系数更容易查看,各自变量在各交易期的回归系数已放大 100 倍,下文的年收益率也做了相应的处理。

从 12 个交易期检验的总体结果看,模型的回归及解释结果均比较理想,平均 R^2 上海为 0.785,深圳为 0.764,香港为 0.795,整个模型的显著性 P 值在各交易期各市场中都处于十分显著的水平。

从回归系数看,除峰度回归系数的符号稳定性稍差些,其他系数符号稳定性都较好,各交易期之间系数的正负符号都能较好地保持,而且符号的方向与实际情况较一致。其中收益与相关系数为反向关系,与持仓时间、平仓次数、成败标记、标准差×成败标记等均为正向关系。

从 P 值看,持仓时间、平仓次数、成败标记、标准差×成败标记 4 项的 P 值在 3 个市场各交易期都比较显著,表示该模型的系数显著异于 0,但其他两项 P 值 12 个交易期平均并非都显著,表示这些自变量因素在该模型还有不小的改进空间和可能,可以进一步研究。

第7章 纯统计配对交易收益与广义价差统计特征关系

表 7.6 SSE50 模型总体及各自变量系数回归结果

Table 7.6 Overall regression results of the model and the coefficients of the independent variables in SSE50

Pool	Period No.	R square	F value	P value	Mean Residual Square	Constant	Kurtosis	Correlation Coefficient	Position Time	Position Closing Times	Sign of Success or Failure	Std * Sign of Success or Failure
SSE50	1	0.791	127.91	0.00	0.026	-3.48	2.34	1.87	0.13***	1.08	11.6***	523.5***
	2	0.834	170.06	0.00	0.031	-8.04**	3.92**	-10.96***	0.17***	9.96***	1.33	909.96***
	3	0.758	105.71	0.00	0.079	10.95	-1.28	-12.12*	0.13*	6.46*	14.4***	831.07***
	4	0.653	63.71	0.00	0.171	8.23	-5.14	14.35*	0.67***	-0.23	5.15	1111.86**
	5	0.817	150.72	0.00	0.086	27.44***	-4.26**	-20.68	0.19***	18.2***	3.33	961.18***
	6	0.850	191.69	0.00	0.048	69.51**	2.29	-79.26**	0.22***	6.18**	14.69*	708.63***
	7	0.851	193.85	0.00	0.035	56.75***	-1.75	-61.76***	0.15***	8.01***	7.46	602.58***
	8	0.832	167.68	0.00	0.070	-4.8	2.93	-6.54	0.29***	9.33***	24.86***	498.44***
	9	0.846	186.04	0.00	0.032	4.07	-2.04	0.77	0.01	20.69***	7.99	884.39***
	10	0.657	64.93	0.00	0.013	0.05	0.03	0.43	0.08***	9.07**	4.52	742.84***
	11	0.726	89.50	0.00	0.021	-4.91	3.39**	-7.77***	-0.01	11.49***	8.9	588.32***
	12	0.801	136.25	0.00	0.016	0.6	0.89	-3.33	0.13***	4.27**	9.54**	674.08***
	Mean	0.785	137.34	0.00	0.052	13.03	0.11	-15.42	0.18	8.71	9.48	753.07***

注：①本表列示回归方程总体及各系数在各市场12个交易期回归的系数和结果 ②Position time 持仓时间，Position Closing Times 平仓次数，Sign of Success or Failure 成败标记，Std * Sign of Success or Failure 标准差×成败标记 ③ * Significant at 10%, ** at 5%, *** at 1%

表 7.7　SCI40 模型总体及各自变量系数回归结果

Table 7.7　Overall regression results of the model and the coefficients of the independent variables in SCI40

Pool	Period No.	R square	F value	P value	Mean Residual Square	Constant	Kurtosis	Correlation Coefficient	Position Time	Position Closing Times	Sign of Success or Failure	Std * Sign of Success or Failure
SCI40	1	0.810	371.19	0.00	0.025	5.48*	-2.24*	-8.44***	0.14***	6.39***	8.1***	602.57***
	2	0.721	224.49	0.00	0.031	4.76	-1.85	-3.3*	0.17***	5.93***	8.5**	730.53***
	3	0.840	454.45	0.00	0.076	12.26**	-1.65	-14.55***	0.11**	7.29***	1.91	1 035.78***
	4	0.814	380.13	0.00	0.105	21.19***	-2.25	-12.89	0.28***	6.98***	-5.32	1 166.89***
	5	0.745	253.72	0.00	0.205	40.14***	-0.29	-47.53***	0.51***	14.42***	-11.98**	1 287.35***
	6	0.690	193.69	0.00	1.004	231.23***	-22.45***	-225.5***	0.21***	81.6***	-92.02***	2 413.12***
	7	0.808	366.01	0.00	0.027	0.9	2.25*	-9.33***	0.06***	8.85***	10.59***	527.09***
	8	0.748	257.69	0.00	0.078	6.73	0.6	-22.15***	0.33***	11.39***	22.93***	474.45***
	9	0.828	417.83	0.00	0.040	11.88***	-6.31***	5.89*	0.07***	18.58***	-5.39	1 090.43***
	10	0.656	165.58	0.00	0.285	20.25***	-2.72	-24.64***	0.06	41.92***	-195.58***	4443.6***
	11	0.705	207.69	0.00	0.027	-6.52***	1.87***	0.95	0.09***	5.7***	12.93***	472.29***
	12	0.801	349.01	0.00	0.036	0.14	-0.06	-9.42***	0.13***	13.62***	6.61***	800.23***
	Mean	0.764	303.46	0.00	0.162	29.04	-2.92	-30.91*	0.18**	18.56***	-19.89	1 253.69***

注：①本表列示回归方程总体及各系数在各市场 12 个交易期回归的系数和结果　②Position time 持仓时间，Position Closing Times 平仓次数，Sign of Success or Failure 成败标记，Std * Sign of Success or Failure 标准差 × 成败标记　③ * Significant at 10%，* * at 5%，* * * at 1%

第7章 纯统计配对交易收益与广义价差统计特征关系

Table 7.8 Overall regression results of the model and the coefficients of the independent variables in HSI45

表7.8 HSI45模型总体及各自变量系数回归结果

Pool No.	Period	R square	F value	P value	Mean Residual Square	Constant	Kurtosis	Correlation Coefficient	Position Time	Position Closing Times	Sign of Success or Failure	Std * Sign of Success or Failure
HSI45	1	0.836	269.92	0.00	0.008	1.67	-0.29	-2.69	0	7.25***	5.41**	713.75***
	2	0.780	187.78	0.00	0.011	3.37	0.1	-6.92***	0.06***	5.19***	2.86*	757.8***
	3	0.883	399.51	0.00	0.012	2.62	-0.03	-2.58*	0	4.29***	6.38***	677.36***
	4	0.768	175.67	0.00	0.021	-5.89	2.74	-1.06	-0.08***	9.39***	9.06***	576.16***
	5	0.718	134.91	0.00	0.028	-9.37**	2.06	1.42	0.02	6.14***	9.16***	588.78***
	6	0.847	293.52	0.00	0.040	10.5**	-3.09**	-5.9*	0.38***	-2.36	2.72	845.42***
	7	0.791	200.00	0.00	0.017	7.03**	-0.24	-8.83***	0.14***	4.03***	10.14***	614.85***
	8	0.817	236.06	0.00	0.034	13.16***	-2.62	-4.53	0.17***	2.83*	8.18**	581.04***
	9	0.751	159.80	0.00	0.067	2.85	-3.34*	5.98	0.22***	7.13***	-9.32*	1048.2***
	10	0.788	196.63	0.00	0.011	8.26***	-0.43	-8.3***	0.09***	7.98***	4.72	731.54***
	11	0.727	141.34	0.00	0.006	-1.14	0.53	-0.11	0.03**	6.63***	6.91	587.8***
	12	0.840	279.29	0.00	0.007	-0.51	-0.04	-1.99	0.09***	4.26***	6.42***	631.95***
	Mean	0.795	222.87	0.00	0.022	2.71	-0.39	-2.96	0.09	5.23**	5.22**	696.22***

注:①本表列示回归方程总体及各系数在各市场12个交易期回归的系数和结果 ②Position time 持仓时间,Position Closing Times 平仓次数, Sign of Success or Failure 成败标记,Std * Sign of Success or Failure 标准差×成败标记 ③* Significant at 10%,** at 5%,*** at 1%

7.3.3 模型及讨论

1. 逐步回归与最大 R^2 回归比较

逐步回归进入和剔出模型的标准有几个,但 R^2、F 值、P 值和残差,在确定样本量和自变量个数时,均为相通的,用逐步回归方法确定的模型起码是局部最优模型,但是否为全局最优模型还要结合其他情况才能确定。当逐步回归确定了自变量个数后,可以用最大 R^2 法找出最大 R^2 模型,将二者进行比较,最终才确定模型及系数。本书中在上海市场逐步回归确定的模型与限定自变量个数后确定的最大 R^2 模型一样,但两种方法得出的结果也有不一致的时候,如《多元统计及 SAS 应用》2008 年 1 月版第 36 页例 1.4 在 penter 取 0.05 时,逐步回归模型结果为两个自变量,但该模型并非最大 R^2 模型。所以,最终模型可以将逐步回归模型与限定自变量个数最大 R^2 模型比较再确定。

2. WM 模型和系数

经过最大 R^2 模型 6 个统计特征的确定及 12 个交易期模型的检验,本书把价差统计特征与年收益率多元回归模型最终确定为

$$Pair\ return_i = Const\ ant + a_1 Kurtosis_i + a_2 Correlation\ Coefficient_i +$$
$$a_3 Position\ time_i + a_4 Position\ clos\ ing\ times_i +$$
$$a_5 Sign\ of\ success\ or\ failure_i +$$
$$a_6 Std_i * Sign\ of\ Success\ or\ Failure_i + e_i \qquad (7.14)$$

根据实际并为便于理解,本书年收益率采用百分数为单位,各回归系数均做相应的变换。写成矩阵形式为

$Y = X\beta + e$,其中

$$\beta = (\beta_{SSE50} \quad \beta_{SCI40} \quad \beta_{HSI45}) =$$

$$\begin{pmatrix} 13.03 & 0.11 & -15.42 & 0.18 & 8.71 & 9.48 & 753.07 \\ 29.04 & -2.92 & -30.91 & 0.18 & 18.56 & -19.89 & 1253.69 \\ 2.71 & -0.39 & -2.96 & 0.09 & 5.23 & 5.22 & 696.22 \end{pmatrix}^T$$

$$(7.15)$$

$$X = (Const\ ant\ Kurtosis_i\ Correlation\ Coefficient_i$$
$$Positiontime_i\ Position\ clos\ ing\ times_i$$
$$Sign\ of\ success\ or\ failure_i\ Cov_i * Sign\ of\ Success\ or\ Failure_i)$$

(7.16)

3. WM 模型变量的解释意义

峰度(Kurtosis)是描述价差随机变量所服从分布的中间聚集程度的指标,同时它也是刻画随机变量分布尾部特征最重要的统计指标,峰度的大小代表着价差尾部延伸的长度,只有价差出现超过2倍标准差的情况,交易才会触发,也就是才有交易的可能。尖峰分布经常会厚尾(fat tail),即出现超过2倍标准差的情况较多,交易发生较多,所以年收益率与峰度存在一个正向的相关关系,但当尾部太厚时,建仓后不回复的概率也可能相应加大,所以在不同的市场结构下,峰度值与年收益率之间的关系还需要进一步研究。

相关系数(Correlation Coefficient)是描述两个股票价格趋势一致性的统计指标,相关系数大的股票间一般都有很多内存联系,价差异常变化的情况较少,而且价差变异时价格差额也不大,该类股票对的收益并不一定太好,所以年收益率与相关系数存在一个反向的相关关系。这与目前实证研究的主流非常不同,目前在国外配对交易研究中,学者们大多选择相关系数高或者SSD小的股票对进行交易获利,国内则选择相关系数高的或者直接选择银行业股票对进行交易获利。

持仓时间(Position Time)表示按FTBD交易策略出现折回后建仓到平仓的时间间隔,按交易日计算,股票对达到建仓条件时往往存在潜在的收益,一旦仓位建立,随着持仓时间的增加,潜在收益将逐步地转化为实际收益,所以年收益率与持仓时间存在正向的相关关系。

平仓次数(Position Closing Times)表示按FTBD交易策略在各交易期内累计出现的平仓次数,其中回复平仓记1次,止损平仓记1次,到期不回复也不出界记0.5次。开仓后必然要平仓,所以平仓次数与开仓次数高度相关,平仓次数反映该股票对交易的活跃程度,平仓次数多的股票对比较活跃。由于仓位是在价差出现而且达到一个较大的水平下才建立的,所以建仓后获利的概率往往较大,所以平仓次数与年收益率之间存在一个正向的相关关系。

成败标记(Sign of Success or Failure)是记录平仓结果的一个自制变量,其中回复平仓记1,交易期结束平仓记0,止损平仓记-1,即失败一次,所以该数值越大表示年收益率可能越大,二者间存在正向的相关关系。

标准差×成败标记(Std * Sign of Success or Failure)是价差标准差与交易成败标记的乘积,由于 GGR 交易设置是按标准差设定开仓、平仓和止损的,而每次平仓盈亏均由成败标记表示,所以年收益率与标准差×成败标记该交叉二次项存在正向的相关关系。

4. WM 模型与 Do & Faff 模型的比较

Do & Faff(2010)在 *Financial Analysts Journal* 杂志提出了如下模型:

$$Pair\ return_i = Constant + a_1 Time\ trend + a_2 SSD_i + a_3 SSD_i^2 +$$
$$a_4 \log(Zerocrossings) + a_5 SameIndustryFlag +$$
$$a_6 IndustryVol_i + a_7 (IndustryVol_i)^2 + e_i \qquad (7.17)$$

从模型变量及概况看,Time trend 是各个股票对的一个趋势值,在第一个交易子期间发生交易的股票对赋值1,在第二个交易子期间发生交易的股票对赋值2,如此类推。SSD 是形成期股票之间价格绝对差异的平方和。Zerocrossings 是形成期内价差回复次数。SameIndustryFlag 是一个哑变量,按 Fama and French 1997 年的分类表划分在同行业的股票对赋值1,否则记0。IndustryVol 指两个股票分属的行业过去6个月的市值均值。样本选取了按 SSD 由小到大排序前200个股票对,交易期为91个。

从变量及变量个数看,Do & Faff(2010)模型总共用了5个自变量,其中 Time trend 是新创设的,该变量标记股票对近期的交易情况,近期有交易的股票对 Time trend 值较大,以前才有交易的数值较小,一直没有交易的数值为0。SSD 是形成期股票之间价格绝对差异的平方和。本书充分考虑了 14 个价差统计特征,其中包括相同的 SSD,另外涵盖了 SameIndustryFlag 指标的二级同行否变量已经检验在相当程度下可以相关系数、协方差、SSD 等指标进行代替,最终确定自变量个数为 6 个及各自变量因素。

从线性与非线性模型看,Do & Faff(2010)模型是多元非线性模型,其中考虑到 SSD 和 IndustryVol 因素时使用了二次多项式的形式,Zerocrossings 使用了对数形式,但确定回归函数形式的原因没有进一步阐述。本书使用的是六元非线性回归模型,考虑到峰度和持仓时间可能存在非单调的情况,本书使用了二次多项式的形式,还构建了标准差×成败标记这一交叉二次项,丰富了非线性回归自变量的元素。

从模型总体回归结果看,Do & Faff(2010)模型 R^2 为 0.009 0,SSD 和 SSD 方的回归系数不显著,F 值、P 值及残差均方均没报告。本书模型 R^2 均值在 3 个市场多个交易期平均在 0.750 以上,F 值均值为 130 以上,P 值均值为 0.00,残差均方均值为 0.165 以下,回归模型总体比较显著,各自变量在 3 个市场各交易期回归系数 P 值见上文的"*"号,但回归系数中,个别自变量的系数在某些交易期也不显著,同样存在很大的学习和改进空间。

本 章 小 结

为深入探讨纯统计配对交易年收益率决定因素,提高交易收益,本章执行 FTBD 交易策略,以年收益率作为交易目标,提出了限定自变量个数最大 R^2 回归法,结合逐步回归法寻找并确定了配对交易年收益率最大 R^2 六因素非线性回归模型,模型因素包括峰度、相关系数、持仓时间、平仓次数、成败标记、标准差×成败标记 6 个。从模型整体上看,R^2 较大,即对年收益率解释程度较好,总体效果较理想。从回归系数看,系数符号稳定性较好,各交易期之间系数的正负符号都能较好地保持,而且符号的方向与实际情况较一致。与国内外研究结果不同,本书的收益率与相关系数为反向关系,而与持仓时间、平仓次数、成败标记、标准差×成败标记等均为正向关系。结果表明,进行配对交易股票对选取时,应尽量选择持仓时间较长、平仓次数多、成功率高且方差大、相关系数又不是很大的股票对,这将有助于年收益的提高。

  本书仅执行了一种交易策略,备选股票只选了上海、深圳和香港证券市场的股票,所以本书未来需要考察其他交易策略的影响,尝试使用更多国家交易数据,扩大备选股票对数量,进一步改进回归模型和结果。

结 论

本书主要结论包括以下方面：

（1）从配对交易统计基础看，本书确立了配对交易统计基础，计算出交易概率、成功比率等一系列重要参数。价差的部分形成期与交易期来源于同一个分布，可以用通过跨期分布一致检验的形成期分布情况预测交易期分布情况。配对交易的交易机会和成功概率可以用切比雪夫不等式进行粗略估计，沪深港3个市场的交易机会和成功概率情况比较相近，在全部交易期中，发生交易的比例约为73%，在全部有交易的交易期里，跨期分布一致的约为50%，跨期分布一致的价差中服从本书所列6种分布之一的形成期比例为65%。普遍认为更有效的香港市场价差出现极端异常的情况相反更多，整个市场价差总体分布的尾部更厚，相对上海和深圳，更不宜进行交易。跨期分布一致检验和服从单峰对称分布检验有助于理清收益来源的理由，但并不意味对收益产生必然提高。从成功概率及平均收益率角度看，香港市场没有上海和深圳市场适合进行套利、对冲和配对交易。KS跨期分布一致性检验比Wilcoxon秩和检验更好，JB正态性检验比KS正态分布检验敏感。在6种单峰对称分布中，价差服从拉普拉斯分布和JB检验出的标准正态分布的按交易期平均的收益率最高。

（2）从纯统计配对与行业配对看，本书明确界定了纯统计配对交易，指出纯统计配对交易与其他配对交易的异同和相容关系，验证了多个统计指标对股票对选择的特性。一级行业配对与纯统计配对没有明显区别，一级行业配对并不能明显改善交易结果。而二级行业配对才能对交易结果有明显提高，但二级行业配对存在人为排除优良股票对的可能性。在既定的 GGR 交易策略下,股票对选取标准对交易结果是有影响的,但最高相关系数、最小方差、最小 SSD 3 个股票对选取标准的等效性较高,选出的股票对多为二级行业配对形成的股票对,其中银行业股票对在这 3 个选取标准中表现最为突出。

(3)从交易策略看,本书提出了 WM-FTBD 建仓改进策略,并验证和比较了沪深港 3 个市场的有效性。GGR、Herlemont、FTBD 3 种策略在上海和香港市场交易年收益率都基本呈现正态性特征,交易结果比较稳定。3 种方法在上海市场交易表现的一致性较强,而在深圳和香港市场差异较明显。从年收益率总体看,FTBD 策略最优,GGR 策略次之,Herlemont 第三。3 种方法在深圳收益最大,上海次之,香港最差。深圳市场各股票对年收益率序列呈明显的尖峰和正偏性,从年收益率数值及区间分布情况看,FTBD 策略在各市场收益率最高,且收益率有向两端扩散的趋势,相反,Herlemont 策略收益率最小且有向中间聚拢的趋势。配对交易可以通过建仓策略的改进来提高收益,FTBD 建仓策略比 GGR 和 Herlemont 策略更加有效,有效的建仓策略在某种程度上也承担更多的风险。价差动量效应和均值回复效应有助于解释价差变化过程和收益率差异,在不同市场进行配对交易的收益差异十分明显,选择进行配对交易的证券市场非常重要,成熟有效的证券市场不一定适合配对交易,配对交易将在发展中国家有广阔的发展空间。

(4)从价差统计特征与年收益率关系看,本书比较了回归方法和重要模型,提出了一个 WM 六因素多元非线性回归模型,讨论并指明了模型各变量及其系数的解释意义。限定自变量个数最大 R^2 回归法,结合逐步回归法寻找并确定非线性回归模型比较有效,影响年收益率因素主要包括峰度、相关系数、持仓时间、平仓次数、成败标记、标准差×成败标记 6 个。与国内外研究结果不同,本书的收益率与相关系数为反向关系,而与持仓时间、平仓次数、成败标记、标准差×成败标记等均为正向关系。进行配对交易股票对选取时,应尽量选择上一个交易期持仓时间较长、平仓次数多、成功率高且方差大、相关系数又不是很大的股票对,这将有助于年收益的提高。

本书主要创新点包括,引入了 KS、Wilcoxon Ranksum 和 JB 3 种非参数检验方法,解释了配对交易统计基础。运用了跨期检验方法,构建了先检验后交易的配对交易方法。扩大了价差统计特征研究范围,自制了 3 个新的价差统计特征指标。新建 WM-FTBD 建仓改进策略。运用配对交易对市场情况进行检验,把配对交易从纯粹的目的变成工具和目的。界定了纯统计配对交易概念的内涵和外延,为纯统计配对交易的推广和发展奠定基础。从价差统计特征角度解释配对交易收益来源,并建立了 WM 多元非线性模型。

本书研究展望是在未来的研究中,从样本市场、样本股票个数、期间长度等维度进行扩展,增加数理研究、序时分析研究内容,有重点地逐步扩大交易策略研究范围,精选价差统计特征,合理变换价差统计特征形式,构建价差二维联合概率密度,探索价差转移概率函数,加入模型系数跨期转移智能,提高综合交易收益解释能力。

附录　部分配对交易软件著作权成果

1. 王麦配对交易折回首日建仓策略软件

软件名称:王麦配对交易折回首日建仓策略软件 V1.0
软件简称:王麦建仓策略软件
著作权人:麦永冠;王苏生
开发完成日期:2011 年 7 月 1 日
证书号:软著登字第 0547126 号
登记号:2013SR041364
登记机构:中华人民共和国国家版权局
深圳联交所交易公告网址:
http://www.eoechina.com.cn/notice – details – 4384.html
项目名称:王麦建仓策略软件
权利状态:已登记软件著作权(中国)

　　项目适用行业:适用于配对交易、统计套利、对冲交易、对冲基金,也适用于债券市场、外汇市场、期货市场、期现双重市场等同一市场、跨市场对冲、套利交易。

　　项目简介:本软件是用户实现 WM-FTBD 王麦配对交易折回首日建仓策略的有效手段,同时,软件还提供了目前国际上最流行的 GGR 交易策略和 Herlemont 交易策略。不仅适用股票市场中的配对交易,也同样适合债券市场、外汇市场、期货市场、期现双重市场等同一市场、跨市场对冲、套利交易,是实现配对交易、对冲、套利交易及市场情况检验的有效建仓策略软件。

2. Mai's Statistical Base of Pairs Trading and Position Allocation Strategy Software

Title: Mai's Statistical Base of Pairs Trading and Position Allocation Strategy Software

Owner(s): Yongguan Mai; Susheng Wang; Aron Tan

Date of Registration: June 27, 2013

Registration No. : 1105847

Certificate of Registration of Copyright: Canadian Intellectual Property Office

深圳联交所交易公告网址：

http://www.eoechina.com.cn/notice-details-4394.html

项目名称: Mai's Statistical Base of Pairs Trading and Position Allocation Strategy Software

权利状态: 已登记软件著作权(加拿大)

项目适用行业: 适用于配对交易、统计套利、对冲交易、对冲基金，也同样适合债券市场、外汇市场、期货市场、期现双重市场等同一市场、跨市场对冲、套利交易。

项目简介：

(1)软件可对各市场在特定长度的形成期和交易期是否来源相同分布情况进行检验，给出了3个市场跨期分布一致性检验结果。

(2)软件可以对各股票对形成期是否服从6种常见单峰对称分布进行检验，最后给出检验结果。软件给出在3个样本市场中执行既定交易策略条件下，在服从不同类型分布的股票对建仓所得到的不同结果。

(3)软件可对市场的交易机会、成功概率等市场主要参数进行切比雪夫不等式估计，并给出相应的结果。

(4)软件设定了4种建仓方法，方法1不对跨期分布情况进行检验,方法 2 先跨期分布一致性检验再交易,方法 3 先跨期分布一致性检验和服从任一单峰对称分布检验再交易,方法 4 是先跨期分布一致且形成期服从特定单峰对称分布再交易。将 4 种方法的交易结果均汇总列示以便比较。

(5)软件对在各个市场按不同建仓触发条件,执行 3 种建仓方法所对应的交易机会进行了估计,给出了在不同证券市场中大致相同的交易机会比例数据,用户可根据该系列数据进行有效的仓位比例分配。

(6)软件可同时处理一个或多个证券市场数据。只需要将证券市场数据输入到指定变量即可。

参考文献

[1] FARIBORZ M. The global financial crisis and the evolution of markets, institutions and regulation[J]. Journal of Banking & Finance, 2011, 35(3): 502-511.

[2] SINGH S. Foreign capital flows into India: Compositions, regulations, issues and policy options[J]. Journal of Economics and International Finance, 2009, 1(1): 14-29.

[3] MANUCHEHR S. The global financial crises of 2007 – 2010 and the future of capitalism[J]. Global Finance Journal, 2011, 22(3): 193-210.

[4] SADI R, ASL H G, ROSTAMI M R, et al. Behavioral finance: The explanation of investors' personality and perceptual biases effects on financial decisions[J]. International Journal of Economics and Finance, 2011, 3(5): 234-241.

[5] DASGUPTA A, PRAT A, VERARDO M. The price impact of institutional herding [J]. Review of financial studies, 2011, 24(3): 892-925.

[6] GRIFFIN J M, HARRIS J H, SHU T, et al. Who drove and burst the tech bubble? [J]. Journal of Finance, 2011, 66(4): 1251-1290.

[7] WOJAKOWSKI R. How should firms selectively hedge? Resolving the selective hedging puzzle[J]. Journal of Corporate Finance, 2012, 18(3): 560-569.

[8] EHRMAN D S. The handbook of pairs trading: strategies using

equities, options, and futures[M]. Hoboken, New Jersey:John Wiley & Sons, Inc., 2006.

[9] GATEV E, GOETZMANN W N, ROUWENHORST K G. Pairs trading: Performance of a relative-value arbitrage rule[J]. The Review of Financial Studies, 2006, 19(3): 797-827.

[10] DO B, FAFF R. Does simple pairs trading still work? [J]. Financial Analysts Journal, 2010, 66: 4.

[11] HUCK N. Pairs trading and outranking: the multi-step ahead forecasting case[J]. European Journal of Operational Research, 2010, 207(3): 1702-1716.

[12] HAKAMATA M. Pairs-trading strategy: empirical analysis in Japanese stock market[J]. The application of econophysics, 2004: 150.

[13] BOLGÜN K E, KURUN E, GÜVEN S. Dynamic pairs trading strategy for the companies listed in the istanbul stock exchange [J]. IRAFIE, 2010: 37-57.

[14] PERLIN M. Evaluation of pairs trading strategy at the brazilian financial market[J]. Journal of Derivatives & Hedge Funds, 2009, 15: 122-136.

[15] ZEBEDEEA A A, KASCH-HAROUTOUNIANB M. A closer look at co-movements among stock returns[J]. Journal of Economics and Business, 2009, 61: 279-294.

[16] YU S. Pairs-Trading on divergent analyst recommendations[J]. Journal of Investment Management, 2011(4):1-10.

[17] WANG J, ROSTOKER C, WAGNER A. A high performance pair trading application [C]//2009 IEEE International Symposium on Parallel & Distributed Processing,Rome,Italy:IEEE,2009:1-8.

[18] JETLEY G, JI X. The shrinking merger arbitrage spread: reasons and implications[J]. Financial Analysts Journal, 2010, 66 (2): 54-68, 4.

[19] CHANG M T. There is something about pairs trading[J]. Corporate Finance Review, 2009, 13(5): 27-35.

[20] MONTANA G, TRIANTAFYLLOPOULOS K, TSAGARIS T. Flexible least squares for temporal data mining and statistical arbitrage [J]. Expert Systems with Applications, 2009, 36(2): 2819-2830.

[21] CHANG M T, XIA A. Understanding the risks in and rewards for pairs-trading[J]. ICBME, 2007(6):1-3.

[22] EBERLEIN E, MADAN D B. Hedge fund performance: sources and measures[J]. International Journal of Theoretical & Applied Finance, 2009, 12(3): 267-282.

[23] HUCK N. Pairs selection and outranking: An application to the S&P 100 index[J]. European Journal of Operational Research, 2009, 196: 819-825.

[24] BOWEN D, HUTCHINSON M C, O'SULLIVAN N. High frequency equity pairs trading: transaction costs, speed of execution and patterns in returns [J]. Journal of Trading, forthcoming, 2010,(07):31-38.

[25] HOGAN S, JARROW R, TEO M, et al. Testing market efficiency using statistical arbitrage with applications to momentum and value strategies [J]. Journal of Financial Economics, 2004, 73(3):525.565.

[26] CAO L, LUO C, NI J, et al. Stock data mining through fuzzy genetic algorithm[C]. 9th Joint International Conference on Information Sciences. Atlantis:Atlantis Press,2008.

[27] DO B, DO V, CHAI D. Does the 2008 short sale ban affect the enforcement of the law of one price? evidence from Australia[J]. Accounting & Finance. 2012, 52(1): 117-144.

[28] DA Z, GAO P, JAGANNATHAN R. Impatient trading, liquidity provision, and stock selection by mutual funds [J]. Review of Financial Studies, 2011, 24 (3): 675-720.

[29] JOHN T S. Noise trader risk: Evidence from the siamese twins [J]. Journal of Financial Markets, 2007, 10(1): 76-105.

[30] ANDRADE S C, CHANG C, SEASHOLES M S. Trading imbalances, predictable reversals, and cross-stock price pressure[J]. Journal of Financial Economics. 2008, 88(2): 406-423.

[31] BARONYAN S R, LU I I L B, ENER E S. Investigation of stochastic pairs trading strategies under differejt volatility regimes [J]. The Manchester School, 2010(2): 114-134.

[32] MARSHALL C M. Volatility trading: Hedge funds and the search for alpha (new challenges to the efficient markets hypothesis)[D]. New York: ETD Collection for Fordham University, 2009.

[33] SCHIZAS P, THOMAKOS D D, WANG T. Pairs trading on international ETFs[J]. SSRN Electronic Journal, 2011(11):1-53.

[34] BOCK M, MESTEL R. A regime-switching relative value arbitrage Rule[J]. Social Science Electronic Publishing, 2008:9-14.

[35] CHIU J, LUKMAN D W, MODARRESI K, et al. High-frequency trading[R]. Standford University, 2010.

[36] 韩广哲, 陈守东. 统计套利模型研究-基于上证50指数成分股的检验[J]. 数理统计与管理, 2007, 26(5): 908.

[37] 王粹萃. 基于协整方法的统计套利策略实证检验[D]. 长春: 吉林大学, 2007.

[38] 王峥明. 中国A股市场配对交易策略实证研究[D]. 深圳: 哈尔滨工业大学深圳研究生院, 2010.

[39] 徐光梅. 从成对交易到动量检验-统计套利的学习与应用[D]. 杭州: 浙江大学, 2008.

[40] 康瑞强. 基于高频数据的期货统计套利研究[D]. 南京: 江苏大学, 2009.

[41] TAKEUCHI K, KUMON M, TAKEMURA A. Multistep bayesian strategy in coin-tossing games and its application to asset trading games in continuous time[J]. Stochastic Analysis and Applica-

tions, 2010, 28(5): 842-861.
[42] FASEN V. Statistical estimation of multivariate ornstein-uhlenbeck processes and applications to co-integration [J]. Journal of Econometrics, 2013,172(2):325-337.
[43] VIDYAMURTHY G. Pairs trading: quantitative methods and analysis[M]. Hoboken, New Jersey:John Wiley & Sons, Inc., 2004.
[44] AL-NAYMAT G H. New methods for mining sequential and time series data[D]. Sydney:The University of Sydney, 2009.
[45] PIETZUCH P. Building secure event processing applications [C]//Proceedings of the First International Workshop on Algorithms and Models for Distributed Event Processing,Imperial college London,London:ACM,2011,11-11.
[46] WARFHEIMER M. Interacting particle systems in varying environment, stochastic domination in statistical mechanics and optimal pairs trading in finance[M]. Sweden: Chalmers university of Technology. 2010.
[47] 王苏生,李志超,舒建平,等. 中国股市跨行业动量效应和反转效应研究[J]. 运畴与管理, 2012(3):187-192.
[48] 王苏生,刘艳. 媒体信息量异常或有害股票收益[J]. 运筹与管理, 2011, 20(6): 157-164.
[49] LIU J, TIMMERMANN A G. Risky arbitrage strategies: Optimal portfolio choice and economic implications[J]. Cepr Discussion papers,2009(1):1-43.
[50] GAGNON L, KAROLYI G A. Multi-market trading and arbitrage [J]. Journal of Financial Economics, 2010, 97: 53-80.
[51] LAWS J, RUDY J. Statistical arbitrage and high-frequency data with an application to eurostoxx 50 equities[J]. Review Literature And Arts of The Americas, 2010(3): 1-31.
[52] GALENKO A, POPOVA E, POPOVA I. Trading in the presence

of cointegration[J]. The Journal of Alternative Investments, 2012 (1): 85-97.

[53] MURRAY J W. A study of intraday volatility trading utilizing high frequency data and the microstructure effects of Implementation[D]. New York: Ford ham University, 2011.

[54] WISSNER-GROSS A D, FREER C E. Relativistic statistical arbitrage[J]. Physical Review E, 2010, 82(5): 56-104.

[55] CHLISTALLA M, SPEYER B, KAISER S, et al. High-frequency-trading [J]. Business & Information System Engineering. 2013, 5(2): 97-99.

[56] JAEGER R A. 对冲基金[M]. 北京: 东方出版社, 2011.

[57] SR A G M, DESAI J, DAVE A R, et al. Finding the identical twin[J]. Econometrics: Multiple Equation Models eJournal, 2012, 5(1)1-11.

[58] GALENKO A, POPOVA E, POPOVA I. Exploiting long term price dependencies for trading strategies[J]. Journal of Applied Business and Economics, 2011, 12(6): 11-25.

[59] CHRISTOS A. Long-run relations among equity indices under different market conditions: Implications on the implementation of statistical arbitrage strategies[J]. Journal of International Financial Markets, Institutions and Money, 2010, 20(4): 389-403.

[60] KAWALLER I G, KOCH P D, KOCH T W. The temporal price relationship between S&P 500 futures and the S&P 500 index [J]. The Journal of Finance, 1987, 42(5): 1309-1329.

[61] KANAMURA T, RACHEV S T, FABOZZI F J. A profit model for spread trading with an application to energy futures[J]. The Journal of Trading, 2010, 5: 48-62.

[62] CUMMINS M, BUCCA A. Quantitative spread trading on crude oil and refined products markets [J]. Quantitative Finance,

2012,12(12):1857-1875.
- [63] ALEXANDER C, BARBOSA A. Hedging index exchange traded funds[J]. Journal of Banking & Finance, 2008, 32(2): 326-337.
- [64] AVELLANEDA M, LEE J. Statistical arbitrage in the US equities market[J]. Quantitative Finance, 2010, 10(7): 761-782.
- [65] GAGNON L, ANDREW KAROLYI G. Multi-market trading and arbitrage[J]. Journal of Financial Economics, 2010, 97(1): 53-80.
- [66] ALSAYED H, MCGROARTY F. Arbitrage and the law of one price in the market for american depository receipts[J]. Journal of International Financial Markets Institutions & Money, 2012,22(5):1258-1276.
- [67] KAUL A, SAPP S. Trading activity, dealer concentration and foreign exchange market quality[J]. Journal of Banking & Finance, 2009, 33(11): 2122-2131.
- [68] ALAIN C, BENJAMIN C, ERIK H, et al. Rise of the machines: algorithmic trading in the foreign exchange market[J]. International Finance Discussion Papers, 2009(980): 1-43.
- [69] ALAIN P C, SERGEY V C, JONATHAN H W. Trading activity and exchange rates in high-frequency EBS data[J]. International Finance Discussion Papers, 2007(903): 1-31.
- [70] CHENG X, YU P, LI W K. Basket trading under co-integration with the logistic mixture autoregressive model[J]. Quantitative Finance, 2011, 11(9): 1407-1419.
- [71] SCHULTZ P, SHIVE S. Mispricing of dual-class shares: Profit opportunities, arbitrage, and trading[J]. Journal of Financial Economics, 2010, 98(3): 524-549.
- [72] QIANG L. Pairs trading in optimal stopping theory[R]. Uppsala Universitet, Sweden: UPPSALA Unversitat Project Report, 2009.

[73] D'ASPREMONTA A. Identifying small mean-reverting portfolios[J]. Quantitative Finance, 2011, 11(3): 351-364.

[74] 蔡庆丰, 李鹏. 全球对冲基金业的新发展及其影响[J]. 证券市场导报, 2008(05): 57-64.

[75] 陈高翔. 对冲基金投机冲击对国际经济关系影响研究[M]. 北京: 经济科学出版社, 2008.

[76] 顾巧明, 惠宝成. 现代投资组合新视角: 对冲基金配置的理论与实证研究[J]. 上海金融, 2011(2): 70-75.

[77] STRACHMAN D A. 对冲基金入门[M]. 北京: 中国青年出版社, 2008.

[78] 张海滨. 投资大百科[M]. 北京: 北京大学出版社, 2008.

[79] 黄徽. 对冲基金是什么? [M]. 北京: 中信出版社, 2011.

[80] KESSLER S, SCHERER B. Hedge fund return sensitivity to global liquidity[J]. Journal of Financial Markets, 2011, 14: 301-322.

[81] BRAV A, JIANG W, KIM H. Hedge fund activism: A review[J]. Foundations and Trends in Finance, 2010: 1-64.

[82] BOYSON N M, STAHEL C W, STULZ R M. Hedge fund contagion and liquidity shocks[J]. The Journal of Finance, 2010, LXV(5): 1789-1816.

[83] ANG A, GOROVYY S, VAN INWEGEN G. Hedge fund leverage[J]. Journal of Financial Economics, 2011(102): 102-126.

[84] DE RIOS A D L, GARCIA R. Assessing and valuing the nonlinear structure of hedge fund returns[J]. Journal of Applied Econometrics, 2011: 193-212.

[85] CUMMING D, DAI N. Hedge fund regulation and misreported returns[J]. European Financial Management, 2010, 16(5): 829-857.

[86] AGARWAL M. 对冲基金的未来[M]. 北京: 中国人民大学出版社, 2011.

[87] JAN BROEL-PLATER K N. A wider perspective on pairs trading [D]. Sweden:Lund University, 2010.

[88] HENDERSHOTT T, JONES C M, MENKVELD A J. Does algorithmic trading improve liquidity? [J]. The Journal of Finance, 2011, 66(1): 1-33.

[89] 贾俊平. 统计学[M]. 2版. 北京: 清华大学出版社, 2006.

[90] 马秀兰, 吴德邦. 统计学: 以 Microsoft Excel 为例 [M]. 台北系: 新文京开发出版股份有限公司, 2008.

[91] CHUN-HUA T. Revisiting the incentive effects of executive stock options[J]. Journal of Banking & Finance, 2012, 36(2): 564-574.

[92] LEIGH W, PURVIS R. Historical impulse response of return analysis shows information technology improves stock market efficiency[J]. Informatica, 2009, 33(2): 191.

[93] RASHEED H, QADEER A. Performance evaluation of survivorship-biased open-ended mutual funds in pakistan[J]. International Research Journal of Finance and Economics, 2012(82): 6-15.

[94] GIANNIKIS D, VRONTOS I D. A bayesian approach to detecting nonlinear risk exposures in hedge fund strategies[J]. Journal of Banking & Finance, 2011, 35(6): 1399-1414.

[95] PEARSON K. Contributions to the mathematical theory of evolution. II. skew variation in homogeneous material[J]. Philosophical Transactions of the Royal Society of London, 1895, 186: 343-414.

[96] NEEDHAM J G, ANTHONY M H. The skewness of the thorax in the odonata[J]. Journal of the New York Entomological Society, 1903, 11(3): 117-125.

[97] DOANE D P, SEWARD L E. Measuring skewness: A forgotten statistic? [J]. Journal of Statistics Education, 2011, 19(2): 1-

18.
[98] PEARSON K. "Das fehlergesetz und seine verallgemeinerungen durch fechner und pearson." A rejoinder[J]. Biometrika, 1905, 4(1/2): 169-212.
[99] BALANDA K P, MACGILLIVRAY H L. Kurtosis: a critical review [J]. The American Statistician, 1988, 42(2): 111-119.
[100] FIRORI A M, ZENGA M. Karl pearson and the origin of kurtosis [J]. International Statistical Review, 2009, 77(1): 40-50.
[101] 邓永录. 应用概率及其理论基础[M]. 北京: 清华大学出版社, 2005.
[102] 王学民. 应用概率统计[M]. 上海: 上海财经大学出版社, 2005.
[103] 叶中行, 王蓉华, 除晓岭. 概率论与数理统计[M]. 北京: 北京大学出版社, 2009.
[104] 滕素珍, 冯敬海. 数理统计学[M]. 4版. 大连: 大连理工大学出版社, 2006.
[105] WILCOXON F. Individual comparisons by ranking methods[J]. Biometrics Bulletin, 1945, 1(6): 80-83.
[106] 吴群英, 林亮. 应用数理统计[M]. 天津: 天津大学出版社, 2004.
[107] WILCOXON F. Individual comparisons of grouped data by ranking methods[J]. Journal of economic entomology, 1946, 39: 269.
[108] 梅长林, 周家良. 实用统计方法[M]. 北京: 科学出版社, 2002.
[109] 范金城, 梅长林. 数据分析[M]. 2版. 北京: 科学出版社, 2010.
[110] 庄楚强, 何春雄. 应用数理统计基础[M]. 广州: 华南理工大学出版社, 2006.
[111] 薛定宇, 陈阳泉. 高等应用数学问题的MATLAB求解[M]. 2版. 北京: 清华大学出版社, 2008.

[112] 哈德勒,西马.应用多元统计分析[M].2版.北京:北京大学出版社,2011.

[113] ROSS.概率论基础教程[M].北京:人民邮电出版社,2007:205-246.

[114] CAO L. Developing actionable trading strategies [J]. Knowledge processing and decision making in agent-based systems, 2009: 170, 193-215.

[115] DOWLE M. Determining the profitability of pairs trading strategies[J]. Quantitative Finance, 2003, 3(4): 70-71.

[116] TRIANTAFYLLOPOULOS K, MONTANA G. Dynamic modeling of mean-reverting spreads for statistical arbitrage[J]. Computational Management Science, 2009(8): 23-49.

[117] 盛骤,谢式千,潘承毅.概率论与数理统计[M].北京:高等教育出版社,2001.

[118] YUKSEL A, MUSLUMOV A. Pairs trading with turkish stocks [J]. Middle Eastern Finance and Economics, 2010(7): 38-54.

[119] CHEN H, CHEN S, FENG L. Firm-level return comovement [R]. SSRN, working paper, 2008:1-42.

[120] YONGGUAN MAI, WANG S. Whether stock market structure will influence the outcome of pure statistical pairs trading? [C]// 2011 International Conference on Information Management. Inovation Management and Industrial Engineering. Shenzhen: IEEE Computer Society. 2011:291-294.

[121] 梅耶.对冲基金顶尖交易人操盘案例[M].北京:中国青年出版社,2007.

[122] 余家林,肖枝洪.多元统计及SAS应用[M].武汉:武汉大学出版社,2008.

[123] AGGARWAL R, RAO R P, HIRAKI T. Skewness and kurtosis in Japanese equity returns: Empirical evidence[J]. Journal of

Financial Research, 1989, 12(3): 253-260.
[124] CHUANG W, LIU H, SUSMEL R. The bivariate GARCH approach to investigating the relation between stock returns, trading volume, and return volatility[J]. Global Finance Journal, 2012,23(1):1-15.
[125] WANG S, MAI Y. Complex system: Theoretic review of pairs trading links[C]// Busiess Intelligence and Financial Engineering(BIFE), Wuhen: IEEE 2011 Fourth International Conference on IEEE,Wuhan:IEEE,2011:367-370.
[126] SADKA R, SCHERBINA A. Analyst disagreement, mispricing, and liquidity[J]. The Journal of Finance, 2007, 62(5): 2367-2403.
[127] FOUCAULT T, SRAER D, THESMAR D J. Individual investors and volatility[J]. The Journal of Finance, 2011, 66(4): 1369-1406.
[128] HHELLMANN T, PURI M. Venture capital and the professionalization of start-up firms: Empirical Evidence[J]. The Journal of Finance, 2002, 57(1): 169-197.
[129] THOMAIDIS N S, KONDAKIS N. An intelligent statistical arbitrage trading system [J]. Advances in Artificial Intelligence, 2009,3955:596-599.